中国农业大学国家农业农村发展研究院研究专著系列

乡村振兴：
推进中国发展的第五台“发动机”

刘 奇 著

中国农业出版社
北 京

PREFACE 自序

改革开放以来，中国人走出了人与人、人与物、人与自然、人与社会四大发展关系的陷阱，一个让世界瞠目的经济发展奇迹被中国人创造出来。一次次思想观念和思维方式的变革使经济社会的发展不断生成新的动力源，这个新的动力源就是四台威力巨大的“发动机”。

第一台“发动机”是家庭联产承包责任制。这一制度的实施是对公有制实现形式的突破性探索，亿万农民被解放出来，极大地推进了农业农村的发展，农村改革的经验，引发裂变效应，进而确立了中国特色社会主义市场经济主体地位并付诸实践，它带来的是让上十亿中国人一举解决温饱，迈向小康。

第二台“发动机”是恢复高考。让千千万万聚集在乡村的上山下乡知识青年有了深造机会，引领中国社会重新回归对知识、对人才尊重的优秀传统，促进社会阶层因才智、学养向上流动，使民族智慧得以充分涌流，从而为经济社会的发展做好了人才储备，奠定了人才基础。

第三台“发动机”是打开国门。全面对外开放，引进世界先进理念、先进技术、先进管理，发挥后发优势，少走弯路。使各技术领域跨越几个台阶，从观念到设施，现代要素直追世界先进水平，一些领域已经由跟跑、并跑走向领跑。

第四台“发动机”是民营经济。打破公有制一统天下的格局，民营经济从小到大，由弱变强，成为市场经济中最有活力、最具潜力、最富创造力的重要主体。大批新型经营主体应运而生，做出了“56789”的突出贡献，即占国民经济50%以上的税收，60%以上的生产总值，70%以上的技术创新成果，80%以上的城镇劳动力就业，90%以上的企业数量。

在四台“发动机”的强力推动下，中国神话便在短暂的历史瞬间横空出世。党的十九大把乡村振兴作为实现两个百年目标的重大战略举措，这将是推进中国经济社会发展的第五台“发动机”。

建设现代化强国，短腿在“三农”，“中国要强，农业必须强；中国要美，农村必须美；中国要富，农民必须富。”习近平总书记早在2013年中央农村工作会议上就深刻阐述了中国强富美与“三农”强富美之间的关系。乡村与城市相比，不仅具有重要的经济价值、社会价值和文化价值，更具有无可比拟的生态价值，同时又是基础产业的依托、生态宜居的空间、传统文化的载体。八亿多农村人口的消费市场，是中国在世界上独具竞争力的战略储备。实施乡村振兴战略，就是要把乡村与城市摆在平等的地位上，创新以工促农、以城带乡的体制机制，实现高强度、高频率的城乡相互作用，促使农村、农业和城市、工业有机结合，缩减城乡差别，建立更加可持续的内生增长机制，实现城乡融合发展。

产业兴旺、生态宜居、乡风文明、治理有效、生活富裕，蓝图已经绘就，目标正待实现，强弱项、补短板、增活力，各级各地一系列举措掷地有声；五级书记抓乡村振兴责任明确，乡村振兴正成为全党全社会的共同行动。

脱贫攻坚目标即将实现，在中华民族五千年文明史上，我们这一代，将成为摆脱贫困的第一代，全面建成小康社会的第一代，实施乡村振兴战略的第一代！我们相信，960多万平方公里土地上的乡村振兴之日，便是中华民族建设现代化强国的梦想实现之时！

CONTENTS **目　录**

自序

农业转型：走自己的路 ………………………… 1
走出“乡仇”走进“乡愁” ………………………… 6
乡村振兴与乡村文化建设 ………………………… 11
推进“三农”领域放管服改革的几点建议 ………………………… 19
应创办中国“三农”干部学院 ………………………… 24
中国乡土社会面临十大转变 ………………………… 27
开辟农民就业增收的第三空间 ………………………… 33
集人气　聚财气　养生气——中国特色小镇建设调查 ………………………… 37
让农民唱主角是乡村振兴的大逻辑 ………………………… 44
发展农民的发展权 ………………………… 48
农具的智能演进与农民的社会地位 ………………………… 68
脱贫攻坚需要强化四个关注 ………………………… 71
“诗意栖居”与“四生”契合 ………………………… 76
乡村社会现代性四重奏 ………………………… 79
生态文明视角下的城与乡 ………………………… 82
乡村振兴的本质是小农户的振兴 ………………………… 85
突破　创新　超越——改革开放四十年回顾与瞻望 ………………………… 88
一幅当代农村版的《清明上河图》——文贤《苦并快乐着》序 ………………………… 98
传统农耕文化遭遇断崖式沉没　“为往圣继绝学”成当务之急 ………………………… 101
当脱贫攻坚遇到乡村振兴 ………………………… 104
保护与活化古村古镇是乡村振兴的第一要务 ………………………… 109

四十年回眸看小岗 …… 114
农村三产融合：如何融，怎样合 …… 118
如沐春风小农户 …… 121
重建生态道德 …… 124
脱贫攻坚决胜期需要关注的几个问题 …… 127
充分发掘乡村振兴的民间力量 …… 132
“八亿多农民，半个七频道”的局面应当改变 …… 137
特困老人群体的解困之道 …… 140
后脱贫攻坚时代的组织力创新 …… 146
乡村社会的“变”与“不变” …… 152
做实“三个优先”力促乡村振兴 …… 158
技术化时代谨防技术作恶 …… 164
应对非洲猪瘟需要创新思维 …… 169
关于农民工市民化的冷思考 …… 174
城乡二元户籍制度的前世今生 …… 178
乡村振兴的四重结构透视 …… 183
别让农民不食人间烟火 …… 190
信用，一把高悬的利剑 …… 195
决胜全面小康需要“三看” …… 200
补齐全面小康社会的乡村民生短板 …… 205
准确把握乡村文化建设的理念 …… 211

农业转型：走自己的路

“三农”问题的核心是农民问题，农民问题的核心是赋权问题。改革开放以来，中国农民逐步摆脱了“权力贫困”的尴尬，各项合法权益陆续得到保障。时至今日，本来不成问题的“经营方式选择权”却成了迫在眉睫的大问题，成为事关农业成败的根本。

前车之鉴：效法苏联的集体农庄，人民公社的历史教训惨痛

新中国成立之初，社会进步显著，生产力长足发展，但超英赶美、跑步进入共产主义的激情不断膨胀，由农业生产互助组到初级农业合作社，再到高级农业合作社，把公有制的实现形式简单化为规模化。1958年开始，效法苏联集体农庄的人民公社化运动如疾风暴雨般在全国推广，不仅脱离了农村生产力水平的实际状况，而且违背了农民自愿的原则，盲目追求速度和规模，给农业和农民造成了严重损失，国民经济濒于崩溃。1962年以后，人民公社作为一种制度和组织形式在农村固定下来，在以后的20余年里对农村乃至整个中国社会产生了深远影响。

政社合一的管理体制是大公社的一个显著特点。没有政社合一作保障，大公社所有制的建立与维系是难以想象的。公社所有权与政府在乡村中的基层政权是完全重合的，因而公社所有制成了同级行政权的重要内容和附属物。在这样的体制下，公社所有制构成了政社合一的重要基础，而政社合一又保障和强化了公社的所有制。公社体制中所有权对行

* 本文撰写于2018年。

政权的严重依附，使得行政权对经济生活的干预成为理所当然。其所以能在较长时间内勉强维持，就是仰仗行政力量的强制和保障。政社合一是公社制度得以维持的支柱，有力、健全、发达的行政体系是公社制度的命脉所系。

远远超过我国农村生产力水平的“一大二公”的公社所有制，其建立的主要动力来自行政权力的推动。人为促成的公社制度既违背了经济规律，又束缚了农民的思想和行为，剥夺了农民的选择权，扼杀了农民的创造精神，难以调动基层和农民的生产积极性，因此必然遭到社会发展规律的惩罚，直接后果是农业生产的大衰退和严重饥荒。直到改革开放以后，农民才终于有了经营方式的选择权，十多亿中国人由此才真正斩断了沿袭几千年不得温饱的代际传递。农业有了剩余，乡镇企业勃兴，进而激发了城市国有企业改革，逐步确立了社会主义市场经济的基础构架。

现实困境：仿效美国的家庭农场，一味贪大的经营方式暗藏危机

效法苏联的恶果余悸尚存，仿美的热浪又高潮迭起。今天，一些地方以极大的热情引入美国的“家庭农场”种植模式，采取动员、诱导的办法推行大规模土地流转。但对于地少人多的中国广大农村而言，土地只能适度规模化。

在这种背景下，农村土地流转成为全社会普遍关注的热点和焦点，热炒的背后存在着明显的认识误区、行为偏差和利益诱导。一是在思想认识上，将加快土地流转作为推进城市化的重要路径，把土地规模经营等同于建设现代农业。一些人根据“富裕农民就是减少农民”的大前提，从宏观的、理论的和逻辑的角度推理，得出“必须大搞规模化经营把农民挤出土地来适应城镇化进程”的结论。二是在行为方式上，沿袭“大一统”与“军事化”的工作方法，片面追求政绩。有的地方不顾群

众的意愿和利益，片面强调受让方的利益，采取行政命令的方式，搞硬性捏合或强制收回农户承包地"垒大户"。三是在利益诱导下，通过土地流转实现"以乡养城"和"以地生财"。随着城镇非农建设用地实行市场化出让，土地出让价格大幅上升，但向农民集体征用土地的补偿标准仍处于很低的水平，土地出让的价格远远高于对农民的补偿。

中国农村土地流转应分三个层面：第一个层面，需要靠行政力量推动的，可称之为"行政流"。把一户不足十亩*的承包地分为七八块，怎样合成一块，实现化零为整的户内初级流转，这是一家一户办不了、也办不好的事情，必须依靠集体组织统一行动。当年靠行政力量细分，今天还应靠行政力量整合，在此基础上完成确权登记颁证。这方面，安徽蒙城、河南民权等地都有很多成功经验。第二个层面，需要市场推动的，可称之为"市场流"。在完成"一块田"行政整合、做好确权登记颁证的背景下，是合作、入股，还是出租，由农民按市场规律自由选择。政府只应做好服务，不可强行干预。第三个层面，需要法律推动的，可称之为"法律流"。如抵押、担保、买卖是现行法律不允许的，必须在国家修改宪法、土地管理法、物权法、担保法等相关法律的前提下，才能依法流转。当前各地政府应充分理解中央提出推进土地流转的初衷，充分尊重农民的选择。首先应做的是抓好"行政流"，做实"一块田"，不应只紧盯着"大规模"的企业规模化，而不屑于"小规模"的家庭规模化。不应过分热情地插手"市场流"和"法律流"，使该做的没做好，不该做的做过了头。"行政流"是"市场流"和"法律流"的基础，只有做好"行政流"，才能顺畅推进"市场流"和"法律流"，不然将埋下许多隐患。同时，在土地流转过程中，必须处理好几个问题：一是不能不顾中国的现实，违背经济规律。土地流转要与工业化和城镇化水平、农业生产率水平、农民自身综合素质、资本进入农业的速度等相关联。二是不能让外力挤压推进流转。让"依法自愿有偿"真正

---

* 亩为非法定计量单位，1亩≈667平方米。余同——编者注

落到实处，尤其要杜绝为了政绩强迫或诱导农民流转土地的行为。三是不能剥夺农民的发展权。保障出让土地农民有租赁收益、土地资源利用率提高的收益、务工就业的收益和“项目、基地＋农户”的产业增收的收益，留给农民分享利益增长的“活口子”。四是不能给子孙后代留下矛盾和隐患。既要解决如何“流得动”的问题，更要解决好如何“流得对”“流得顺”“流得稳”的问题。五是不能让征地制度“打折”“缩水”。警惕耕地占补平衡的“数字游戏”，建立耕地占补中的综合效益评估与补偿机制、易地补充耕地的粮食生产考核机制。六是建立农地经营的准入与退出制度，经营农地应予设限，不是谁都可以圈地而不产生效益。退出经营也不得损坏地力等，否则应予以补偿。

美国农业的逻辑目标是追求劳动力产出最大化，中国农业的逻辑目标是追求土地产出的最大化，以人少地多的美国农业经营模式移植想象解决中国人多地少的现实问题，带来的只能是一如效法苏联的折腾后果。

发展道路：赋予农民充分的自主权，走一条适合国情民意的现代农业之路

纵观中国30多年的农村改革历程，几乎所有经验都是源于基层的创造，这些创造只是需要去发现、认可、总结、升华和推广，然后制度化、合法化。因此，中国农业必须结合中国实际，发掘传统农业精华，借鉴现代农业经验，真正把经营方式的选择权交给农民，充分激活农民的热情和创造力，用“历史的耐心”走好自己脚下已经生成的道路。

现代农业是相对于传统农业提出的概念，是指包括农村的第一、二、三产业和上、中、下游产业链之间相互联动而形成的完整产业体系。

当前，我国农村现代农业产业链条中以农产品为原料的加工业和为农业服务的服务业占比过低，当务之急是要大力发展农产品加工业和为农业服务的服务业，加快构建连通农村第一、二、三产业的现代农业产业体系。有人误把现代农业等同于土地规模化经营，这是十分片面的。

第一，土地规模经营还只是在农村第一产业上做文章，只属于现代农业体系中的一部分。第二，从日本、韩国和我国台湾地区的农业发展道路看，在小规模经营的基础上也完全能够建立起发达的现代农业。第三，对于中国这样一个人多地少的国家，不能片面追求经营规模，而是应以追求土地产出率为首选目标。现代农业需要规模化，但就中国而言，在规模化问题大有文章可做的是产业布局的规模化以及组织、服务、产业链条和适合工厂化生产的种养业等方面的规模化。积极发展农民专业合作组织，构建农业第一、二、三产业融合的链条，建设立体、高效、集约的工厂化设施农业，应是中国特色的现代农业实现规模化的关键着力点。

农民是中国农业的主导力量。主体现代化是农业现代化的关键。为什么高效率会产生低效益，根本在于传统农业各要素没有注入现代元素，而诸要素中首先是劳动力的现代意识缺乏。农民有了现代意识，就有了现代需求；有了现代需求，就会拉动市场提供现代供给；有了现代供给，农民就有了现代能力；有了现代能力，就会产生现代效益，从而实现现代目标。推进农业现代化需要一支稳定的、高素质的职业化农民队伍，当前应切实抓好三件大事：一是培养和积累优秀农业人才。二是培育和壮大农民组织。放开手脚解决农民组织数量太少、体量太小的问题，努力构建农民组织与市场、社会各司其职、互相配合、相互制衡的多元治理结构。三是引导农民找准自身的职业定位。充分发挥政策的调控功能，正确把握舆论导向，引导农民根据自身素质和实际需求理性流动，帮助他们在职业分化中作出当农民还是当工人的理性选择，尽量不做候鸟式、两栖型的边缘人。

没有谁比农民更了解自己，没有谁比农民更懂得自己的选择，也没有谁比农民对自己更负责。土地该自种、该出租、该入股，还是该合作，只有农民自己最清楚、最明白。绝不应该出现这样一种现象：一些地方从建设现代农业的良好愿景出发，精心设计出一套强力推进土地流转的制度，实际上却造成损害农民利益的后果。当下，交给农民选择权远比诱导农民走什么路更为重要。

走出“乡仇”走进“乡愁”

自 1958 年城乡二元制度实施以来，乡村成了被社会轻视、歧视甚至仇视的“谈农色变”之地，人人都避之唯恐不及，人人都想逃离。从制度设计看，既想从乡村索取剩余，又厌恶乡村是个包袱，有些人恨不得把乡村一脚踢出地球，他们认为是乡村的拖累才使中国发展得这么慢。一股浓浓的“乡仇”弥漫在中国社会长达半个世纪。他们没有看到正是由于乡村的支撑才使中国发展这么快！

改革开放以来，随着以农养政的结束，代之以工养政、以商养政的开始，加之二元制度的逐步瓦解，中国的乡村正发生着深刻剧烈的变化，资源单向流入城市的时代已告终结。一些环境优美、风光秀丽的乡村，正成为社会追捧的养生之地、旅游胜地、投资兴业的热土，尤其在人类财富积累已进入第五阶段的健康养生阶段和即将问世的汽车无人驾驶时代，乡村将成为井喷式消费之地。坊间戏言：现在是穷人进城，富人下乡；忙人进城，闲人下乡；为生存的人进城，为生活的人下乡。“乡仇”成了“乡愁”。

乡土文化正在随着乡土社会的转型而转型，呈现四大特征

一是后喻时代。美国人类学家玛格丽特·米德把文化分为三阶段：前喻文化、并喻文化和后喻文化。前喻文化就是农业社会时代，文化是稳定的，生产和生活是一套传统的办法，农业文化传承就靠先辈的经验

---

* 本文撰写于 2018 年。

积累，然后向后辈传递。到了工业时代，叫并喻文化，就是技术可以在同代人里传播，不需要那么长时间的经验积累。到了今天的信息时代，叫后喻文化。科技高度发达，年轻人比老年人思维敏捷，接受新事物能力强。现在的乡村已经进入了后喻文化时代，年轻人发挥了主导作用。一个典型的例子就是年轻人利用电商平台，嫁接各种服务于乡村的资源，促使实体经济与虚拟经济高度融合发展。

二是多元时代。发端于20世纪80年代的中国“民工潮”是一个改变中国、影响世界的人口大流动。乡村人口的大流动打破了村与村、县与县和省与省之间的区域界限，改变了农民传统僵化的思维方式，世界上没有任何人像他们这样渴望看到外面，他们在多少地方打工，就浸染多少种文化，给乡村社会带回多元、开放、丰富的文化要素。

三是非参与时代。长期以来，乡村文化依靠的是农民自我参与、自娱自乐的民间歌舞、民间戏曲、民间技艺、民间说唱以及民间工艺等形式得以世代沿袭和传承，高跷队、秧歌队、玩龙舞狮等过去仅春节活动就长达月余。现在的农民整天面对的只是无法置身其中的电视、收音机，儿童所关注的不是电视就是游戏机，甚至是VR（虚拟现实）。新的故事叙述形式和新的娱乐载体让乡村的居民栖息于此，生活却在别处。

四是逆乡土时代。长期以来，我们公共资源的配置一直是重城市轻乡村，特别是在公共教育上，十多年的撤点并校导致了农村学生的上学远、上学难、上学贵。不能就近上学带来的额外负担比要钱的教育还贵，到镇上借读一年至少要多花八千到一万元，到县城借读一般要花一万五到两万元。绝大多数孩子不在本乡本土读书，远离乡土生活，他们的知识结构也同时远离乡土，被城市化，乡土文化传承后继乏人愈演愈烈。

乡土社会的转型带来乡土文化的再生转型，但不论如何转，怎样变，以乡为基点的活动范围不会变，以土为基础的生存依托不会变。只要人类还需要吃饭，就需要农业；只要农业存在，就需要农民；只要有农民，就会构成彼此相连的乡土社会，生成独具特色的乡土文化。

乡土文化需要重建，重在抓好六个方面

1. 坚持三个守住。一是坚守原点。农业文明是中华文明也是人类文明的源头，不要一提乡土就是落后的、腐朽的、应该抛弃的。18世纪之前的农业文明时代，中华民族一直是人类文化的引领者，几千年的积淀要坚守。国家文化自信的基础是老百姓的文化自信，不可妄自菲薄，乡土文化是根是源是灵魂，坚守这个原点就守住了中华文化的灵魂。二是坚守初心。乡土文化是以适应乡土为基本特质的。所谓文化就是“人化”和“化人”。首先是“人化”，即以本土人共有的意志形成的生活样式。西部山区的农民告诉贾平凹“北京好是好，就是太偏远了”。中心和边缘是一个相对的概念，应以当地人观念和认知为基准。其次是“化人”，即不论你来自何方，多么文明，到了这个地方都要遵循这个地方的生活方式、风俗习惯，外来的文化或文明能不能被当地接受，为当地所化，主动权在本土，而不是外人，外人不要轻易干涉，“己所不欲，勿施于人”，“己所欲”也不能强加于人。赶农民上楼就违背了初心。三是坚守自我。每个人既是乡土文化的载体，又是传承者，也是创造者。作为载体，要注意学习掌握传统；作为传承者，要注意宣传发扬光大，主动“化人”；作为创造者，要不断自觉地吸收先进的外来文化、现代文化。在乡土文化建设中，每个生于斯长于斯的人都不可以置身其外，都应承担起应有的责任义务。

2. 从传统中传承。文化是刻在心里的信条，制度是写在纸上的约束，制度当然也是文化。不能穿拖鞋背心上班是文化，必须穿西服打领带上班是制度。文明是人类所创造的物质财富和精神财富的总和，文化、制度、器物构成文明的三个维度。传统中有精华、有糟粕，传承传统，要分清二者。我们讲孝，开展回家运动，但二十四孝图中的愚孝要剔除。我们弘扬世家大族优秀的家风、家教、家训，但严酷的宗祠惩罚

制度要废除。

3. 在发扬中发展。把传统文化发扬光大，必须在传统中不断发展，随着科技的发达、社会的进步、人们需求的日益升级，不发展就会被淘汰。传统需要“活化”，《清明上河图》在上海世博会重新被赋予生命。活化要注意不能过度商业化，是建设性破坏，还是破坏性建设要分清。私有制时代农民是无偿劳动，大锅饭时代农民是无效劳动，今天毁坏资源、破坏环境就是有害劳动。吸收外来和新鲜的文化，则要注意别什么都要，要有扬弃升华，有一种审美的高度。

4. 重塑新乡贤。贵族精神的特点就是“三自一担当”，自尊、自明、自律，敢于担当。贵族子弟云集的英国伊顿公学，两次世界大战学生参战伤亡率 40%多，整个英国参战 600 多万人，死亡率只有 12%，足见贵族的担当精神。实际上在中国的乡村，延续上千年的耕读传家的传统，在某种意义上就是一个比较朴素的贵族传统。其中乡贤就处于核心的位置，他们是乡土文化的精灵，是标杆，是方向，是牵引器，是动力源，没有乡贤的社会就没有活力、没有动力、没有主力。今天，重塑新乡贤要着重这几类群体，一是离退休人员叶落归根，二是大学生村官，三是城归农民工，四是接受优秀家风、家教、家训熏陶的家族的后裔，五是新富贤能者。应培养他们慷慨、正直、自尊、担当等品质，促使他们投身到乡村的扶贫事业、乡村公益建设等方面。

5. 创新五大制度。一是创新新农村产权制度。调查和摸清农村集体资产的家底，创新多种形式的农村集体产权制度改革，确保和增加农民的财产性收益。二是创新农村经营制度。在巩固和完善农村基本经济制度的基础上，完善“三权”分置制度，积极探索土地经营权的适度流转。三是创新农业支持保护制度。把对农业的支持保护同农产品的价格形成机制区分开来，发挥市场主体在农产品价格形成中的决定性作用，充分利用市场价格信号指示与资源配置的作用，把支持保护政策扭曲价格的效应最小化。四是创新城乡融合发展制度。积极利用乡村旅游、田园综合体以及特色小镇等新产业、新载体和新媒介，畅通公共资源、经济要素在城乡之间的流通，实现资源和要素的双向流动，促进城乡的融合发展。五是创新乡村治理制度。理顺传统治理方式与现代治理方式的关系，健全自治、法治、德治相结合的乡村治理体系。

6. 四生五意契合。四生五意就是生产、生活、生态和生意。所谓生意有两层含义，即市场的繁荣和由“四生”孕育出的新的文化创意。重振乡土文化，生产不能脱离生活，生产、生活不能脱离生态，生意不能脱离生产、生活和生态。四者互为因果，互相促进，这样才能打造出高品质的生活、高效率的生产、高文明的生态、高收入的生意以及高水平的文化。

我们不能阻挡乡村的变化，但是我们必须留住乡土文化！有文化的乡土才能留得住乡愁。

乡村振兴与乡村文化建设

就乡村振兴而言，中国的乡村和非洲的乡村不同，中国的乡村属于文明型落后，而非洲的乡村是原始型落后，他们从来就没有发达过。中国在18世纪以前一直是人类文明的引领者，全世界没有哪个国家、哪个民族几千年来一直引领人类，只有中国。我们的老祖宗在农业文明时代创造了人类的辉煌，现在我国可以看到名字的农业著作有600多部、可以读到的原著有300多部，我们创造了许多诸如农耕技术、农耕制度和乡村社会治理等方方面面农耕文明中的精华。我国的二十四节气已经被联合国列入非物质文化遗产，国外有专家称，这是人类的第五大发明，西方人一年只过春夏秋冬四季，我们的祖先在长期的生活实践中总结出来的二十四节气是非常伟大的。还有全世界公认的由中国农民创造的农业哲学思想“天时、地利、人和”，算是最高境界了。不仅农业，方方面面不符合这六个字都很难做成，所以其被认为是放之四海而皆准的人类文明的黄金定律。这些辉煌的文化成果是非常多的，可以说是人类历史上没有哪个国家哪个民族能比的。今天我们的乡村振兴，有这样的文明积淀、有深厚的实践基础，只要制度设计对路，乡村振兴就不难实现。

当前，我们的乡村文化面临的背景特征有以下四个方面：

一是物欲横流下的文化衰落。社会上有些人看来，人的一生基本被浓缩成两个数，上学时的“分数”和工作后的“钱数”。人的一生不看文化修养，而是被简单的价值观浓缩成两个数，这是很悲哀的事情。前

* 本文根据作者在2018年中国农村博物馆年会上的发言整理。

几年有一个流行的顺口溜，叫“男人女人化，女人小孩化，小孩宠物化，宠物土豪化，土豪没文化，文化商业化”。文化可以做成产业，但不是什么都可以商业化的，文化一旦做成交易，那就失去了文化本身的意义。我们现实生活中追求物质而忽略文化的现象非常普遍，有一个说法是“大学里只见大楼，不见大师；社会上只见富豪，不见文豪；学术界只见高塔，不见象牙”，虽然有点偏激，但说明我们过分追求物质而忽略文化修养已十分严重。文化是一个长期积淀的过程，不是一朝一夕就能养成的。在这样的背景下，金钱一旦“说话”，真理就会“趴下”，文化更会“趴下”。若是钱能买到一切，那社会就会走向衰败。所以，我们可以创造这样一个环境和氛围：让有钱人读书，让读书人有钱。一方面有钱人会追求精神意义方面的东西，另一方面让知识改变命运创造财富。创造这样的社会氛围，我们的社会才会文明和健康地持续发展。

二是粗线条历史的遗憾。我们所看到的历史都是粗线条的，比如《二十四史》《二十五史》等记录的都是一场战争接着另一场战争，这个王朝推翻那个王朝，都是改朝换代，对于关乎人们生活的微观世界很少记录。法国著名科学家法布尔有句名言，“历史赞美把人们引向死亡的战场，却不屑于讲述使人们赖以生存的农田；历史清楚知道皇帝私生子的名字，却不能告诉我们麦子是从哪里来的。这就是人类的愚蠢之处”，就是说关乎人们的微观生活历史上很少记录，这是人类历史的悲哀，今天我们不能让这样的愚蠢再继续下去。大历史记录的是那些战争等大事件，小历史要由我们把它做起来，微观世界、真实世界、关乎人类切身利益的世界，让这种文化传承下去，就应该是我们的主题。我们的许多文明都失传了，比如百年老店，中国960多万平方公里，我们的百年老店很少，一些老店在改革开放后才得以恢复。而日本的百年老店有十多万家，千年老店有20余家，千年老店是从北宋时期开始祖祖辈辈相传一直延续至今。200年以上的老店全世界有5 000多家，而日本就有3 000多家。世界上几大经济巨头，美国以高科技制胜，中国以总量制胜，而日本立国制胜是以能工巧匠实现，第四位的德国以标准制胜，有十几万的工业标准是世界标准。再比如，诸葛亮的木牛流马以及宋代的织布机，宋代的织布机有 1 800 多个零件，相当精细，而这些文化都已失传，这就是历史的遗憾。这些都需要记录下来，传承文明。粗线条的历史由大历史学家、宏观社会结构描述，作为微观社会结构要做好的就是把微观历史记录下来。

三是逆乡土性的乡村教育。2001 年开始教育体制改革，全国逐步推行撤点并校，从 2000 年到 2010 年的十年间，全国共撤掉了 22.94 万所农村小学，削减了 52.1%。农村初中减少 1.06 万所，减幅超过 1/4，中国农村平均每天消失 63 所小学、30 个教学点、3 所初中。原先我国有 60 多万所农村学校，现在只有 27 万所。农村孩子面临新的上学难问题，要读书的孩子有上亿这么大一个群体，这些孩子现在分三类：留守儿童、流动儿童和流浪儿童。留守儿童在家由爷爷奶奶陪着；流动儿童跟随打工父母到城里读书；流浪儿童就是没人管的。留守儿童这么多，农村没有学校，他们就没办法上学。流动儿童一直跟随父母流动、高频率换校，怎么能学习好？《农村寄宿制学校学生发展报告》（2016）显示，农村小学生平均单程上学距离为 5.4 公里，而农村初中生平均单程上学距离为 17.5 公里，有些农村学生每天上学往返要用去 4～5 个小时，如果一天跑几趟，这个孩子怎么能学习好。2018 年初网络热议的“冰花男孩”，跋涉 9 里* 山路上学，满头都是冰花，这类现象还很多。孩子是国家的未来，也是农村的未来，更是乡村振兴的未来，这个群体受到这样的教育，未来很令人担忧，不改变，现代化就会变成一句空话。农村教育非常值得重新思考，我的建议，必须保证一个村一所学校。福建省永泰县有 78 所农村学校，有 19 所学校多少年就只有一个孩子上学，但是县里一直坚持一个孩子也要办下去。这是政府应尽的责任义务，如果做不好，就是政府的失职。义务教育就两个特征，一是免费，二是就近。在美国如果孩子不能就近上学，当地政府就会被立即告

* 1 里＝500 米。

上法庭。每个村的学校，不光是学校，不光是教育，更是一个文化中心，没有这个文化中心，这个村的文化就培养不起来。美国不到 10 万人就有一所大学，3 亿多人口有 3 500 多所大学，我们 14 亿人才 2 900 多所大学，按照美国的标准，我们还得办 1 万多所大学，才赶上美国现在的大学办学水平。教育落后了还谈什么文化，还谈什么经济？所谓逆乡土性就是，小孩大多数都到城镇去读书了，本来义务教育不要钱，但是到乡镇借读每年要多花 8 000 到 1 万元，到城里借读每年多花 1 万到 2 万元，还不加陪读耽误的工钱，硬开支就是这么多。最要害的是这些孩子脱离了乡土，对乡土一无所知，这样，未来的农村依靠他们变成“一懂两爱”的干部基本不可能，逆乡土性的农村孩子的教育是一个很令人担忧的事。习近平总书记为什么对农村那么有感情那么了解，与他在农村当知青生活 7 年，深入乡土社会，有密切的联系。孩子脱离了乡土社会，到镇上到城里去借读，没了乡土生活的氛围，学的都是与乡土没关系的知识，这是非常令人担忧的。所谓乡土文化，我定义为以乡为基点的活动范围和以土为基础的生存依托，从这两“基”中孕育出来的文化，就叫乡土文化。从乡土走出去的人不论生意做得多大，即使跑到全世界，但是活动的基点都是从这里出发，并且时时放不下对这片土地的牵挂，有些晚年还要回到这里。土地是乡村人生存的基本依托，没这点“土”想发展什么产业都发展不起来，所以这两点是基本核心。如果孩子们一直生活在逆乡土性的氛围之中，加上城市灯红酒绿的诱惑，谁都不愿意再回农村去，那么再想让他们参与乡村振兴建设就无从谈起。

四是后喻文化的时代冲击。美国人类学家玛格丽特·米德的著名理论，将人类文化的传承分为前喻文化、并喻文化和后喻文化。所谓前喻文化就是，在农业文明时代，文化的传承是靠祖祖辈辈的经验积累，然后向后代传承。到了工业文明时代，就是并喻时代，即同时代的经验互相传递，不需要经验积累。后喻文化，就是今天到了信息时代，特别是智能时代，文化的传承就变成后代向先代传承，年轻人的接受能力强、反应速度快，新知识马上就能接受和掌握，向先代传递，特别是在农业上，这个特点非常明显。今天我们的乡村振兴正好进入后喻文化时代，所以这个冲击是不小的，在这样的背景下培养一批新时代年轻人来从事乡村振兴工作，组建“一懂两爱”的干部队伍，还想用老一辈的经验积累是远远不能实现的。

在这样的大背景下振兴乡村，建设乡村文化，应该从这几个方面入手。

第一是兴教育。把乡村教育复兴起来，否则未来人才就是个问题。留守儿童也好，流动儿童也好，流浪儿童也好，他们急需的就是现代教育支撑，没有良好的教育就没有良好的素质，没有良好的素质就不能从事现代化的工作，没有现代化的工作就没有现代化的收入，由此就会进入恶性循环。2005 年法国城市周边发生的年轻人焚烧汽车事件，起因就是进城的年轻人没有得到良好的教育，没有好的技能，就业受到阻碍，收入受到阻碍，他们对社会不满，集体向社会报复，我们应该严防出现这类现象。

第二是续文脉。文化的血脉要很好地传承，涉及几个方面。一个是我们乡村中世世代代累积的好的家训、家风、家教，那是乡村中文化的精华。包括中纪委门户网站等很多网站前几年都在宣传这些好的家训、家风、家教，农村中许多名人贤达大多是从这些家族中走出来的，这些传统文化的血脉要好好地继承。再一个是培养新乡贤，新乡贤的培训是我们目前面临的一个重要工作，因为乡村的治理和城市不一样。国家的意志要想达到每个家庭每个人，不是那么容易实施的。为什么过去皇权不下县，由地方治理，就是在这个衔接上找一个缓冲。我们传统社会上的自治就是培育一批乡贤，国家与家庭之间有一个缓冲带，由乡贤来做好衔接，让国家意志能达到家家户户，所以乡贤这个中间环节是非常重要的。今天我们不光是文化的问题，社会治理也需要这个环节，这是历代治理成功的实践，绝大多数农村需要在这方面做好，培养一些有智慧的人共同参与村里的管理与经营。三个臭皮匠顶个诸葛亮，人多主意多智慧多，对乡村的发展有好处。特别是今天的人工智能发达，关于人工智能问题，2017年9月25日我在《北京日报》有一个整版的文章，叫《人工智能引出诸多可期可虑的社会课题》，是从未来学、社会学和发展学的角度看这个问题。人工智能发展到今天，我们许多事情都不用干了，人工智能就能代替，研究发现到2030年世界上有35%的工作岗位将被机器人代替。那以后人还干什么呢，我的一个观点是，资产阶级革命产生了无产阶级，人工智能革命产生了“无用阶级”，那么到了人类智能革命，将产生“无趣阶级”。“无用阶级”就是没事可干，“无趣阶级”就是干什么都没有意义，因为人机连为一体，人脑想什么，机器马上能下载，人之所以为人，是因为人能思考，人都不需要思考了，那还有什么意义呢，所以叫“无趣阶级”，这就是我们面临的新科技。但是我们不能认为有了机器人，就可以偷懒不学习了，现在的理论研究，把人的能力分三个层面，基础能力、思维能力和品质能力。基础能力就是基本能力，玩手机、用电脑都是基础能力，大家都差不多，是必备的；品质能力是金字塔的塔尖，只有少数人才能达到；人与人之间的差别在哪呢，就是思维能力，锻炼你的思维，思维超人，才能做出辉煌的事迹。以后人类更需要学习，只有超常的思维才能胜人一筹，未来人与人的差别就在于思维能力。

第三是集器物。集器物就是借助我们的中国农村博物馆说事，我们文化的传承不外乎三个方面，一个就是实物传承，一个是文字传承，一个就是人的传承，这三条路径。文字传承就是史书传承，实物传承就是博物馆、展览馆和纪念馆等。其功能就是为历史记录今天，为后代留下当代。美国有3万多个博物馆，不到1万人就有一个，我们才大概6 000多个，这方面跟美国比差距很大。特别是前面法布尔的名言，提醒我们，微观世界，与我们生活息息相关的那些东西，就是微观社会结构的文化传承，把它做起来，这些对于社会发展进步起的作用最大，一个技术没有传承中断了，又需要多少代人才能把它再研究出来，这方面需要努力做好。博物馆是很好的实物记录，什么东西都可以在那里呈现。有些可以延伸一下做得更好，比如村志馆，设一个馆专门放村志，那是最具体、最细微的记录；比如大学生村官馆，在这个时代，我们的大学生村官了不起，现在全国有二三十万大学生村官，有的做得非常好；比如广州建立了农民工博物馆；还有乡贤馆，这些馆都应该作为独立内容把它做出来，不少地方还有一些专业的馆，沿着这个思路把它们做大做强做全面，是非常有价值的，不亚于《二十四史》，甚至更伟大。

第四是修志书。村应该做好村志，我们历史上最有名的村志就是安徽池州杏花村的村志，它是中国唯一一部收入《四库全书》的村志，是当地一个文人花了十几年时间修成的。志书太重要了，一个国家一个民族完整的历史应包括四大方面：国有史、方有志、族有谱、家有书。史书和方志都是宏观的，族谱和家书是微观的，反映的东西是最真实、最具体、最细节的，这些东西最能反映历史。我们应该弥补这个不足，应该把村志当成一个重要的文化工程来做好。方志在历史文化记录中太重要了，村、乡、县、市、省都应该有志。

第五是承技艺。传承各种技艺，包括一些手工艺、民间的文学艺术、杂技艺术等，应该由专门的人员学习、沿袭和传承。我在芬兰考察时了解到，国家规定小学生在毕业的时候都必须掌握一门本民族的非物质文化遗产。吹笛子也好，拉二胡也好，或者打毛线衣或者做一顿饭，民族的食物文化也是非物质文化，要把这些掌握了，就是对技艺的传承。挪威把全国的古村落的古房子拆了下来，在首都的郊区批了一片地方，重新组建保护起来，国家花这么大的功夫把全国的古房子都收集起来，这是最好的保护。承技艺是对传统经验积累的继承，如果我们老祖先忙活几千年积累下来的东西让我们中断了，那就太可惜了。

第六是革旧弊。深化改革，也是文化的一个重要内容。什么叫文化，什么叫文明，什么叫制度？我认为文化的含义是四个字，即人化化人。人化是按照自己的意志改造世界，形成一种样式一种标准；化人是让人按照这个样式这个标准适应，比如城市，大家带着不同的文化，在一起共同生活，大家必须遵守共同的标准，必须形成统一的样式，这就是化人。两者统一就是文化。文明则是全人类文化中提炼出来的所有人都应该共同遵守的规则。制度是文化的一种，文化是写在人们头脑中的规则，而制度是挂在墙上的规则。比如不能穿拖鞋穿背心上班，这就是文化，是大家默认刻在心里的；比如必须穿西服打领带上班是制度，是规定，这就是区别。文化建设在制度问题上有一些不适用的东西，比如产权制度、经营制度、农业生产支持保护制度、城乡融合制度、乡村治理制度、乡土文化的发展制度等等，需要不断深化改革，适应我们的经济社会发展。文化的内涵非常广泛，只要载有人类活动信息的事都是文化，一块石头放在那里没人动就没有文化，把它挪一个地方，这里面就含有了文化信息，为什么搬它，用什么东西搬它，什么时候搬的，搬后会发生什么变化等等，这就载有了文化信息，这就是文化含有的特征。

乡村振兴，复兴乡土文化是重要方面。乡村振兴若没有文化做支撑，那就很难振兴，物质再发达、再丰富，也只是一个躯壳，没有内涵，缺乏灵魂。

推进“三农”领域放管服改革的几点建议

近两年，中央政府大力推行放管服改革。新中国成立以来国务院发文 3 万多件，其中改革开放以来就达 1 万多件，但从未系统清理过。目前中央政府进行全面清理，该废的废，该减的减，该并的并。这对于提高效能，促进经济社会发展成效巨大。但有不少涉及法律方面的问题还需进一步深化改革，就“三农”而言，主要有以下几个方面：

土地流转和“三权分置”的法律困境

据统计，目前我国有超过 4 000 万农户部分或全部转出土地。同时，改革开放 30 多年来，在农村职业分化过程中形成了一支庞大的种田能手队伍，他们需要种植规模达到一定限度后才能获得和外出务工或经商相接近的收入水平，客观上产生了转入土地的强烈需求。2016 年 8 月 30 日，中央深改组第二十七次会议审议通过《关于完善农村土地所有权承包权经营权分置办法的意见》，对“三权分置”的原则予以明确框定，要求放活土地经营权。但现实操作中还存在一些法律障碍，需要及时完善相关的法律条款，使之能够与日益发展的新形势相匹配。

我国现行调整土地承包经营权流转的法律法规主要有《民法通则》《农业法》《农村土地承包法》《物权法》《土地管理法》《农村土地承包经营权流转管理办法》等。但其中对农村土地承包经营权流转的规定不

---

* 本文撰写于 2018 年。

够详细具体，现有的法律规范仍然对土地承包经营权的流转存在诸多制约，难以全面规范流转行为、保障农民集体成员权的实现和土地承包经营权的有序流转。

《民法通则》《土地管理法》《物权法》中对土地流转的规定过于简单、笼统，而2003年制定的《农村土地承包法》，也只是对流转行为的原则性规范，对具体流转方式转让、转包、互换、出租的规定比较简单，对流转中各流转主体之间的权责没有清楚界定，对违法违约行为也没有具体规范，尤其对抵押、入股流转方式的规定明显落后于实践。

土地承包经营权流转法律规范的缺陷，还表现在《农村土地承包法》与《物权法》在某些规定上存在矛盾。《农村土地承包法》第37条规定，“土地承包经营权采取转包、出租、互换、转让或者其他方式流转，当事人双方应当签订书面合同。采取转让方式流转的，应当经发包方同意；采取转包、出租、互换或者其他方式流转的，应当报发包方备案。”可以看出，该法对土地承包经营权流转采取的更多的是债权保护方式，而《物权法》则将土地承包经营权明确界定为用益物权，采取的是物权保护方式。或债权或物权的法律规范，使得实践中土地承包经营权的流转涉及相关合同效力认定、责任确认及承包的原则等较为混乱，不利于流转市场的形成和发展。

“三权分置”的落实必须建立在农地产权制度清晰的基础之上，尤其是其中的经营权，究竟是物权还是债权？在现有法律中找不到依据。我国《物权法》第5条规定“物权的种类和内容直接由法律规定”，但《物权法》所规定的物权种类中并没有土地经营权。根据我国财产法律制度的物债二分理论，非物权即债权。如果将土地经营权理解为债权，则各种流转土地经营权的行为，其实质均为土地租赁。土地经营权人作为承租人，不享有转让和抵押土地的权利，即使转租也须经土地承包人同意。

同时，耕地、林地和草地的承包是农村集体经济组织内部成员才有份的承包，在现有法律框架下流转的方式仅限于转包、互换、转让三种方式，而且要求受流转方必须是同一集体经济组织内部成员，这一规定使得有能力开展规模经营的农业经营主体无法获得充足的土地资源。

因此，建议通过修法的方式赋予土地经营权物权地位，明确界定所有权、承包权、经营权的权利边界，为农地“三权分置”构筑完整的产权基础。

农业保险

一是农业再保险缺失。2006年6月发布的《国务院关于保险业改革发展的若干意见》明确提出探索建立中央、地方财政支持的农业再保险体系，将再保险的概念引入农业领域。2011年8月中国保监会发布的《中国保险业发展“十二五”规划纲要》提出加快推动建立国家政策支持的农业再保险体系。现行法律法规对于农业再保险的规定，仅有《农业保险条例》第十七条，其内容也仅仅是为了明确经营农业保险业务的保险机构的准入条件。

虽然国家政策及相关法律法规都提出了建立我国的农业再保险制度，但在我国目前的农业保险法律制度中，农业再保险仍然无法可依，对于农业再保险纳入农业保险法律制度体系的方式、农业再保险法律关系主体的权利义务等方面同样没有任何规定，只是政策层面原则性的提倡和笼统的规定，法律规范的缺失给农业再保险的推行带来了较多困难。

二是涉农保险法律欠缺。在现行的《农业保险统计制度》统计指标口径中把农业保险和涉农保险视为两种不同的保险类别。《农业保险条例》第三十二条规定“涉农保险是指农业保险以外、为农民在农业生产生活中提供保险保障的保险，包括农房、农机具、渔船等财产保险，涉及农民的生命和身体等方面的短期意外伤害保险”。

《农业保险条例》中只规定了涉农保险的定义，并未对涉农保险业务开展中的权利义务关系以及法律责任作出规定，导致现实生活中涉农保险业务的开展出现诸多问题无法解决。我国开展涉农保险业务的主要依据是一些政策性文件。但由于这些政策性文件缺乏法律约束力、制定主体混乱、内容规定零散并且在具体实施中缺乏稳定性和长久效力，未能有效调整涉农保险活动。我国农村涉农保险政策和法律位序倒置，政策代替法律，在很大程度上制约了涉农保险的发展。

因此，建议提高农业保险立法层级，尽快制定农业保险基本法律——《农业保险法》，并且要因地制宜制定实施细则，建立农业再保险制度，完善对涉农保险的具体实施办法。

宅基地的银行抵押问题

《担保法》规定，抵押人依法承包并经发包方同意抵押的“四荒地”的土地使用权可以抵押，而耕地、宅基地、自留地、自留山等集体所有的土地使用权不得抵押。《物权法》和《农村土地承包法》也规定，农村土地承包经营权抵押仅限于通过招标、拍卖、公开协商等方式取得的土地承包经营权。这些规定使得银行办理抵押贷款面临着一系列法律政策层面的障碍。

对于宅基地上的民房的抵押，法律并无禁止性规定，宅基地上的房屋是宅基地上的附着物，无法与宅基地相分割而独立存在，而且如果没有了宅基地，对于银行来说地上建筑物只是一些建筑材料，没有抵押价值。

因此，建议一并赋予民房和宅基地抵押权。同时完善宅基地管理办法，如规定使用年限等。

关于民间金融

目前基层反应比较强烈的是农村金融。缺少资金是农村发展的最大障碍。20 多年来，农业贷款占全国贷款总额的比例仅为 5%左右，而印度高达 20%。由于农业生产规模较小、抵押物较少，农村征信体系不健全等原因，农村贷款难度很大，而农户对资金的需求却是真实存在的，在供需出现矛盾的情况下，农户之间的私人借贷方式就应运而生，而且规模庞大。根据中国国际金融有限公司针对民间借贷的分析数据显示，截至2015年6月末，我国农村民间借贷资金数额约已高达4万亿元，但至今国家也没有对民间借贷进行立法。

现有制度，对于民间融资常以“非法”二字以定性，在处理上更是不分青红皂白统一“取缔”了事，没有正确区分非法与合法的民间融资。如国务院在1998年发布的《非法金融机构和非法金融业务活动取缔办法》中规定，未经相关部门依法批准，以任何名义向社会不特定对象进行的集资，都属违法行为。但是，民间融资之所以受到社会的青睐很大程度上就在于其简便、快捷，如果每次实施融资都经过相关部门的层层审批，那么所谓的优势也就荡然无存，必将严重影响民间融资的持续发展。

对此，建议充分考虑到我国农村民间借贷的发展现状及其所处的地位，国有银行适度放权，给民间借贷释放空间，并出台相关的法律条款予以保障。

关于野生动物保护法

2017年11月6日，深圳市中院开庭审理王鹏因出售两只自养珍稀鹦鹉品种绿颊雉尾鹦鹉一案，法庭一审判刑五年。公诉方认为，王鹏出售的为受保护物种，证据充分，王鹏对法律的不了解，不应成为轻判理由。辩方则认为，一审将驯养繁殖的动物解释为野生动物，违反罪刑法定原则，属于适用法律错误。此事引起很大社会反响，大都认为判重了。如从现行法规条文上看，法院判决并无不妥，但从自然规律看，野生动物保护应是一个动态过程，部分被纳入保护名单的野生动物经过人工繁育合理保护，数量已远远超出了保护范围。据报道，王鹏从外捡回这两只鹦鹉饲养，一年后繁殖速度惊人，已达40只。因此，根据一些物种的繁育现状修改野生动物保护法迫在眉睫。

应创办中国“三农”干部学院

实施乡村振兴战略，首要前提是培养一支懂农业、爱农村、爱农民的干部队伍。如何将总书记提出的各级党委和政府主要领导要懂“三农”工作、会抓“三农”工作，分管领导要真正成为“三农”工作的行家里手的目标真正落到实处，创办一所高规格的“三农”干部学院是关键。

长期以来，“说起工业大半天，说起农业一根烟”是市县两级主要领导的普遍现象，他们不想说、不愿说是一个原因，根本在于不会说、说不清，不是像城市那样真懂，由此造成“三农”工作“说起来重视，做起来忽视”的尴尬局面。

实施乡村振兴战略是党中央在脱贫攻坚战略基础上推出的又一宏伟战略，脱贫攻坚旨在消除绝对贫困，乡村振兴旨在消除城乡差距，实现“两个消除”才能为建设现代化强国、圆梦中华民族伟大复兴奠定坚实的基础。乡村振兴战略内涵丰富，意义重大。实施乡村振兴战略，牵涉面广、影响力深，政策性强、差异性大，新情况多、老问题繁，且变化快、历时长、处理难，是其他任何领域都无法比拟的。既需要丰富的实践经验，又需要扎实的理论功底；既需要全面系统的政策把握，又需要应时而动的思维创新；既需要按部就班的制度落实，又需要灵活多变的实验探索。但目前市县两级干部队伍普遍存在“观念落伍、本领不足”的问题。广大干部特别是市县级主要领导中，擅长城市工作的多、精通农村工作的少；“三农”领域长于具体事务的多，有能力做出长远谋划、

---

* 本文撰写于 2018 年。

全局谋划的少。实施乡村振兴战略，如果市县两级主要领导对“三农”真懂真爱，便会产生一头狮子带领一群绵羊的效果，绵羊都会变成狮子。如果他们不懂不爱，将会产生一头绵羊带领一群狮子的效果，狮子也都会变成绵羊。正所谓“兵熊熊一个，将熊熊一窝”，“战略”很可能成为工作中的“略占”。要实现党的十九大提出的培养“一懂两爱”干部队伍的目标，亟待创建一个国家层面的“三农”干部培训机构。

——借改革40周年契机，参照中国井冈山干部学院、中国延安干部学院、中国浦东干部学院的管理规格和办学标准，创办中国“三农”干部学院，高规格、系统化地培养党的“三农”干部。重点对市县两级主要领导，以及省级各涉农部门的干部进行全面、系统的培训；乡镇一级主要领导由省级党校设立分院组织培训；广大村干部则由市县党校进行专门培训。

在管理上，中国“三农”干部学院可参照中国延安干部学院、中国井冈山干部学院由中组部直管，根据每一期的培训主题和课程设计，如1号文件解读、农村二三产业发展、乡村生态文明保护等，对市县主要领导进行有计划的普遍轮训。

在内容上，中国“三农”干部学院的培训要以习近平中国特色社会主义思想中的“三农”论述和政策体系为本，以落实十九大精神、实施乡村振兴战略为纲，务求通过培训，让干部们对“三农”理论和政策体系有一个系统性、综合性、全面性、深刻性地清晰认识，做到先“武装头脑”，再“指导实践”。

——配合中国“三农”干部学院这一主体，设立“两翼”，即中国农村改革纪念馆、国家农业高新技术示范园，“一体两翼”同时发挥作用，使“三农”干部培训更为丰富生动。

首先，应在学院一侧建立中国农村改革纪念馆。时值农村改革40周年，这是农村改革的历史节点，也是脱贫攻坚的历史节点，又是全面建成中国人世世代代梦寐以求的小康社会的历史节点，更是实现党的第一个百年目标的历史节点。在这样一个前无古人的历史节点上，理应建设一个纪念馆，“为历史纪录今天，为后代留下当代。”纪念馆可将我国有史以来的农业技术发展、农业制度变迁、农业文化传承，以及历史上包括王安石、张居正等数次重大农业改革历程都予以回顾和展示。其中，重点展示改革开放以来的“三农”改革措施，以及所带来的变化，特别是十八大以来脱贫攻坚的重点举措。以此让学员通览我国农业农村的发展历史，了解 18 世纪前的农业文明时代我们一直是人类文明的引领者，明白我们与非洲农村落后的不同，我们曾经辉煌过，是文明型落后，非洲是原始型落后，从而树立再创辉煌实现乡村复兴的信心和决心。

其次，在学院另一侧配套建设国家农业高新技术示范园。可引入以色列、美国、欧洲、日本等发达国家农业生产技术，让学员在这里不出国门即可了解最新最先进的现代化农业。同时，还可以作为体验式教学点，让学员在这里当几天农民，深入农业生产实践。

——中国“三农”干部学院可选址率先推行家庭承包经营的小岗村。井冈山、延安是革命年代的精神高地，小岗则是改革年代的精神高地。延安、井冈山精神解决了“中国人不再挨打”的问题，小岗精神解决了“中国人不再挨饿”的问题，两种精神都需要在传统中传承，在发扬中发展。在小岗敢为人先的创新精神的激励下，中国千千万万个村庄都形成了物质高地。由于方方面面的因素制约，小岗也同井冈山、延安一样很难打造成物质高地，但小岗敢闯敢试敢冒的改革创新精神是永远闪光的。小岗已经成为名垂青史的历史符号，说起农村改革必得从小岗开始，如何让小岗精神永远闪光，在这里建一所中国“三农”干部学院是最佳选择。这里已建有大包干纪念馆，可在此基础上扩建为中国农村改革纪念馆；这里地处中国气候南北分界线秦岭—淮河一线，适于各种作物生长，方便建立高新技术示范园；这里交通便捷，紧靠京沪高铁线。因此，建议在小岗建设中国“三农”干部学院。

中国乡土社会面临十大转变

只要人类还需要吃饭，就会有农业；只要农业存在，就会有农民；只要有农民，人多地少的中国社会就有村庄；只要有村庄，就会构成农民间彼此相连的乡土社会。所谓乡土社会，是指以乡为基点的活动空间和以土为基础的生存依托。

中国农村改革 40 年以来，随着以农养政的结束，代之以工养政、以商养政的开始，加之二元制度的逐步瓦解，中国的乡土社会发生着深刻剧烈的变化。但不管乡土社会如何转型、怎样变化，以乡为基点的活动空间不会变，以土为基础的生存依托不会变。乡村振兴已经成为这个时代的最强音，乡村要振兴，首先应认清乡土社会正在发生的巨大变化。

一是社会主体由稳定性向流动性转变。在传统农村，农民以土为生，与土为伴，相对稳定，他们日出而作，日落而息，心无旁骛地在村庄中生活。20 世纪 80 年代后期开始，越来越多的农民放弃对土地的依赖，以廉价劳动力的形式进入城市，寻求新的发展空间，以此来改善自身的经济与命运，农民由稳定性向流动性转变。这种转变，既表现为水平空间上的跨区域跨领域，也表现为垂直空间上贫富差距带来的阶层变化。农民工四处奔波、走南闯北，2.8 亿农民工大流动是人类历史上绝无仅有的现象。农村有八九亿人口，除了外出打工的 2.8 亿，其余都生活在农村，外出打工使得农民的收入来源复杂多样，所从事的职业五花八门，农民之间的贫富差距趋于扩大，阶层流动也因此凸显。“流”是

* 本文撰写于 2018 年。

活力的表现，但应流得自主自愿，流得安心放心，流得后顾无忧。

二是社会生活由同质性向异质性转变。在传统农村，农业生产特点和习惯相同，农民的生活相对同质，以家庭经营为主，传统村落形态也十分适合一家一户的生产生活方式。农民大量走出村庄，异地打工，打破了传统的生产生活方式，乡土社会的社会生活由同质性向异质性转变。这种异质性来源于不同地区之间、城市与农村之间生活方式的交汇。农民在多少地方打工，就会浸染多少种生活方式，就会给农村带回各式各样的小吃、方言、生活习惯以及新思维新理念等。村庄的概念在交通通讯高度发达的今天，也已经冲破地理上的村域范围，村里人在外面有多少打工的地方，村庄的虚拟空间就会延伸到多少地方。身处远方的村民随时可以通过手机以及互联网了解村庄的一切。异质性的生活和虚拟空间的扩展，使村庄治理变得更为复杂。

三是社会关系由熟悉性向陌生性转变。传统的乡土社会是世代聚族而居的熟人社会，它通过加强人际关系和相互信任引导熟人之间相互自愿合作。随着农民工的流动、乡村旅游的发展，乡土社会的社会关系由熟悉性向陌生性转变。这种陌生性是指相互陌生的社会关系，既包括相对贫穷的乡村的农民外出打工的情形，也包括相对富裕的乡村吸纳外来农民打工的情形，还包括城里人到环境优美的乡村旅游的情形。这种转变逐渐打破了熟人社会的秩序，在熟人社会里，人与人之间的交往靠的是诚信；在生人社会里，人与人之间的交往靠的是契约。如何让传统的诚信与现代的契约在乡土社会治理中共同发挥作用，是当下需要深入探讨的大课题。

四是社会空间由地域性向公共性转变。传统村落的传统农业，功能定位为单一种养业。随着农业多功能性的逐步显现和乡村旅游的蓬勃发展，农业大步走出一产，融合二、三产协同发展，加上发达的交通通信助力，乡土社会的社会空间由地域性向公共性转变。观光农业、休闲农业、都市农业、智慧农业等各种农业新业态方兴未艾，农业已远远不是“面朝黄土背朝天”的传统农业形态，农业生产的过程成了人们观光旅游休闲的好去处，农业生产的方式成了人们科普、体验的新追求，农业生产的环境成了人们体悟人生、享受生活的理想地。乡村旅游被认为是中国农民的第三次创业：第一次创业，发展乡镇企业，离土不离乡；第二次创业，进城打工，离土又离乡；第三次创业，开发乡村旅游，既不离土也不离乡。开放的乡土社会空间为现代文明的注入打开了通道，拓宽了领域。

五是社会结构由紧密性向松散性转变。传统的乡土社会是一个熟人社会，在这个熟人社会中，人情是一种交往方式，是社会结构紧密的黏合剂；家园红利是一个熟人社会长期积淀的福利，具有很强的向心力、凝聚力、归属感，是“故土难离”“叶落归根”的原因所在。近些年来，由于农民工大量外流，乡村人情关系越来越淡薄，社会资本不仅少有积累，而且逐渐销蚀，乡土社会的社会结构由紧密性向松散性转变。“情感”是人与其他动物的本质区别，人要是没有感情，社会就会是一盘散沙，人情关系的淡薄是一个令人忧虑的现象。必须重塑乡土社会的乡情乡谊，否则在社会化分工越来越细、每个人所从事工作的价值比重越来越小的情势下，社会结构的离散将危及每个人的生存与发展。继承优秀传统，重塑“家园红利”应是当下中国乡村“软件”建设的重头戏。

六是社会细胞由完整性向破裂性转变。家庭是社会的基础细胞，中国农村传统的家庭观念是“父母在，不远游”“老婆、孩子、热炕头”。但随着农村大量青壮年外出打工，农民工家庭由完整性向破裂性转变，产生了“留守家庭”，形成了“三大留守群体”。一是留守妇女，她们既要照顾家中老人、孩子，又要承担繁重的农业生产劳作，普遍缺乏安全感，且长年分居容易出现婚姻危机。二是留守儿童，与父母长期分离，他们的学习、生活、成长都会受到很大的负面影响，在一些农村地区，由于亲情缺失、教育缺位和管理真空，某种程度上留守儿童已经成为“差生”“问题孩子”“不良青少年”的代名词。三是留守老人，他们一生辛苦劳作，晚年却无法安享清福、颐养天年，老无所养、老无所乐的现象日益严重。“一万打工钱，三代离别泪”“留守家庭”是社会难以稳定的隐患，如果“留守家庭”频频“后院起火”，变成了“问题家庭”，不仅是农民难以承受之重，更是社会难以承受之重。农村留守家庭为社会经济繁荣做出了巨大贡献和牺牲，破解农村留守家庭的“留守”之痛，是全社会的共同责任。应抱以家庭为流动单元作为社会流动的基本准则。许多发达国家人口流动的流量占比之大不亚于中国，但都是以家庭为流动单元，社会细胞的稳定就不会使社会肌体受到损伤。

七是社会文化由“前喻文化”向“后喻文化”转变。美国人类学家玛格丽特·米德对人类文化的传播提出了“三喻”论，即“前喻文化”“并喻文化”和“后喻文化”。“前喻文化”是指年轻的要向年长的学习，在农业文明时代，文化的传承是前辈向后辈传递。“并喻文化”是指不需要先辈的经验积累，文化可以在同代人之间传播，这是工业文明时代的文化传播方式。“后喻文化”是指年长的需要向年轻的请教，到了今天的信息社会，科技高度发达，年轻人比老年人思维更敏捷，接受新事物能力更强，文化传播发生了反转，由后辈向前辈传播。今天中国的乡土社会是典型的“后喻文化”时代，年轻人正在发挥着主导作用。面对瞬息万变的电子技术，老人回家问问儿子、孙子的事经常发生。一个典型的例子就是年轻人利用电商平台，嫁接各种服务于乡村的资源，促使实体经济与虚拟经济高度融合发展。以何种举措应对“后喻文化”是我国实现农业现代化的关键。

八是社会价值由一元性向多元性转变。随着中国乡土社会由传统向现代转型，社会价值观愈来愈呈现出多元化的趋势。多元性，本质上是社会不断包容和发展的表现，是不同阶层间的相互尊重和包容，而不是相互诋毁和攻击。在经济社会转型阶段，价值多元是客观现实，但价值观多元化容易产生价值观紊乱，并且导致种种社会乱象。例如，吃的喝的都会造假，假奶粉、假疫苗，连婴儿都不放过；女童被多位村中长辈性侵，女童及其家人反而遭到全村人敌视，简直荒唐无耻；路上老人摔倒，无人愿意去搀扶，偶尔出现愿意去搀扶的人，却被摔倒的老人反咬一口；赡养老人需要签订协议，父母想得到赡养需要对簿公堂，社会对此现象有的容忍、默认，有的麻木不仁。本来很简单的事情，因为是非观念不清、说法不一，造成认知上的紊乱。不少人把一生浓缩成两个数，上学是为了分数，长大是为了钱数，这其实是一种文明的倒退。价值观多元是对的，但是必须以社会主义核心价值观为引领，防止价值观走偏。当价值观不再紊乱，且社会主义核心价值观被普遍接受的时候，一个价值观多元的时代才具有真正的价值。

九是社会行为由规范性向失范性转变。中国传统的乡土社会，世世代代聚族而居，讲究合乎礼治的行为规范，村落内部形成人们普遍认同并共同遵守的乡规民约。在人口大流动、物欲大泛滥、文化大冲撞的背景下，乡土社会的社会行为由规范性向失范性转变。这种失范性是指乡土社会中存在着许多不正常的现象，包括敬畏感缺失、羞耻感淡薄、潜规则盛行等。敬畏感缺失，有不少人什么都不怕，法律底线都敢去突破。如果心里没有了约束，就会什么坏事都敢去做。羞耻感淡薄，有些人做了坏事，不以为耻，反以为荣。潜规则盛行，潜规则一出来，明规则就不起作用。社会演化成一个相互伤害的链条，你在我鸭蛋里加苏丹红，我在你牛奶里加三聚氰胺，在相互伤害中赚钱，社会道德沦丧，良心没了。当人们把赚钱当文化，把常规（不偷、守时、诚信）当典范，把底线当上线，社会生态也就遭到了破坏，社会危机便开始孕育。扫黑除恶，扶正祛邪，以现代法、理精神重构乡规民约已成当务之急。

十是社会治理由权威性向碎片性转变。在传统村落中，村落的精英分子以身作则，以自身行为和道德风范形成"权威"并影响村落，呈现出很强的凝聚力、吸引力和号召力。费孝通在《乡土中国》中说："从基层看去，中国社会是乡土性的。乡贤文化就是维系着庞大的中国社会正常运转几千年的基层力量。"城乡二元制度实行以后，农村精英单向流往城市，乡贤文化由盛转衰，近于凋敝，乡土社会的社会治理由权威性向碎片性转变。大量精英外流，留在乡下的大多是老弱病残妇幼，农村极度匮乏具备议事能力以及经营才能的人，社会治理走向碎片化。农村改革 40 年后的今天，资源单向流入城市的时代已告终结，乡村逐步成为人们旅游休闲、养生养老、投资创业、诗意栖居的理想地，应当构建“自治、法治、德治”相结合的治理体系，培育新乡贤，掀起一场“新下乡运动”，为推进实施乡村振兴战略，注入新活力。如何培育新乡贤，应当着力引导三类群体：一是离退休的干部职工，他们拥有丰富的社会资源；二是有着优秀家训、家教和家风家庭的后代，他们拥有深厚的文化积淀；三是新富阶层，他们拥有强大的经济实力。这三股力量共同作用，形成一个新乡贤群体，对于推进乡村振兴将是一股强劲的动力。

开辟农民就业增收的第三空间

“产业兴旺、生态宜居、乡风文明、治理有效、生活富裕”是党的十九大对实施乡村振兴战略提出的五大要求，其中两项事关农民的就业与增收。没有产业的兴旺，农民便不可能充分就业；不能充分就业，农民便无法增收；增收门路狭窄，生活富裕也就无从谈起。乡村振兴，农民生活富裕是根本，这是我们一切农村工作的出发点和落脚点。

我国农民就业增收主要来自三重空间，第一重空间是不离土不离乡的土地，但人均一亩多耕地的先天资源禀赋使农民无法充分就业。“一个月种田，三个月过年，八个月空闲”的时间配置是绝大多数农民的生活标配，空有一身力气而无处用武。我们比美国多十亿人口，而美国差不多比我们多十亿亩耕地，人多地少的矛盾是我国农民在第一空间就业增收无法化解的死结。第二重空间是离土又离乡的城市。2.8亿农民工抛家别亲，走南闯北，收入大幅提高，但居无定所，业无定行，更令人无奈的是“一万打工钱，三代离别泪”，上不能赡养父母，下无法抚养孩子，夫妻也天各一方。家庭这个社会的基础细胞破裂，整个社会肌体就会发生病变。因此，第二重空间在二元制度壁垒下是不可持续的。第三重空间是离土不离乡的二三产业。打破农村只能搞一产，农民只能干农业的产业和职业壁垒，20世纪80年代已经有过乡镇企业异军突起的很好尝试，但由于前无古人，缺乏经验，再加上发达的城市经济的巨大引力，乡镇企业逐渐偃旗息鼓。与一些地多人少的现代化国家不同，他们的农民必须专业化、职业化，而我国绝大多数农民在相当长的一个历

---

* 本文撰写于2018年。

史时期必须兼业。改革开放40年来，我们大力推进土地流转，至今2.3亿承包农户中仍有70%的农户没有参与流转，耕种着自己的承包地。在这方面与我们国情相似的日本，农民就一直走兼业的路子，并且按农与非农收入占比分为第一兼业农、第二兼业农。因此，大力发展农村二三产业，让农民就地就近就业是符合中国国情的、实现生活富裕的最佳途径。

一是把一产和二产融合起来，发展好农产品加工业，尤其是精深加工业。美国的玉米可以加工成3 500多种产品，我们相距甚远。但我们也有很多优势，老祖宗给我们留下了宝贵的饮食文化，每县每市每乡每村，甚至家家户户都有自己的特色饮食，这些特色饮食需要大力开发。继煎饼果子在美国上架成为火爆零食后，河南的“辣条”又走向海外火爆起来，老北京糖葫芦在俄罗斯也十分畅销，一个煎饼果子8美元，一包“辣条”12美元，在国内只售2.5元。美国的面粉100多种，中国只有十几种，日本食用油400多种，中国只有几十种，德国面包注册了300多种品类，而中国做面食的水平应该最高，但少有注册品牌。我国农产品加工业发展空间巨大，市场前景广阔。沙县小吃、兰州拉面就给我们提供了很好的样板，目前，全国有3万多家沙县小吃，每年营业额接近100亿元，而兰州拉面每年营业额更是超过了600亿元，青海化隆县政府派出近90人的队伍到全国50多个城市设立办事处为兰州拉面馆做服务。终端为王，农产品的消费终端在餐桌，把农产品加工的“经”念好，把饮食文化的“牌”打好，是农民就业、增收、致富的关键举措。中国美食已经在许多国家享有盛誉，但开发远远不足，毫不夸张地说，中国每天向世界推出一种美食，一百年都推介不完。更具独特优势的是中国有“药食同源、药补食疗”的中医传统。国家卫计委2014年公布的“按照传统既是食品又是中药材的物质目录”中，有101种具有这两种功能。目前中医药已经走进183个国家，充分利用药食同源理论，大力开发走向世界的保健食品，应是中国农产品加工业重要的主攻方向。

二是把一产、二产和三产融合起来，发展好现代农业服务业。现代农业服务业是一个一二三产联通、上中下游一体、产供销加互促的产业体系。美国农民占总人口的1%多一点，但为农民服务的人口占总人口近20%。也就是说，一个农民种田后面跟着十多个人为他服务。为农服务的企业完全可以做大做强，从美国种业发展历史也可见一斑，全美涉及种子业务的企业有700多家，其中种子公司500多家，既有孟山都、杜邦先锋、先正达、陶氏等跨国公司，也有从事专业化经营的小公司或家庭企业，还有种子包衣、加工机械等关联产业企业200多家。他们的业务遍及全球。2016年全球销量前十的种业企业，美国拿了一、二、七、九名四席。当前我国亟待培育各类社会化服务组织、各类农业共享经济。一个最典型的事例就是农业部只出台几项政策，几十万农民就自动购买五十多万台收割机一举解决了我国农作物机械化收割问题，这些农民也都在服务中增收致富。大力发展现代农业服务业，既提高了农业生产经营效益，又降低了农业生产经营成本，更能使我国长期存在的小农户与现代化衔接问题得以妥善解决，农民既可以参与就业，也能够增收致富。我国为农业服务的服务业蕴藏着巨大的潜力，我们必须下大功夫挖掘这一潜力，加快构建连通农村一二三产业的现代农业服务体系。

三是把一产和三产融合起来，大力发展乡村旅游。坊间戏言：眼下是穷人进城，富人下乡；忙人进城，闲人下乡；为生存的人进城，为生活的人下乡。在人民日益增长的美好生活需要和不平衡不充分的发展已成为新的社会主要矛盾的今天，美丽乡村已是人们寻求“诗意栖居”的理想之地、健康养生的归宿之所。乡村旅游的核心是原汁原味的乡村文化，以农村自然环境、农业生产活动、农民生活方式为旅游的吸引物，不光具有旅游、观光、休闲、养生等多重功能，还具有传统“耕读文化”“天人合一”的哲学意蕴，结合传统民居如福建土楼、广东碉楼等乡村物质文化遗产，以及剪纸、演艺等非物质文化遗产，共同组成了极具美学价值和灵性的乡间大美图画。英国有一项调查显示，约25%的人每年多次或经常访问乡村，约50%的人偶尔访问乡村，84%的人每年进行一次以上乡村游，英国有一句妇孺皆知的箴言：“英国就是乡村，乡村就是英国”。逆城市化已经成为世界潮流，德国有40%多的人口工作在城市，居住在乡村。有关研究显示，2007—2016年，中国已有84座城市人口连年减少，成为“收缩城市”。大力发展以观光、体验、休闲、养生、养老为特色的乡村旅游，可以使农业生产方式更加吸引人，农村生活环境更加陶冶人，在乡村旅游发展过程中，农民通过餐饮、民宿、民俗产品加工、手工艺品生产和相关的旅游服务增收致富。我国农民收入一般来自四个方面，转移性收入、财产性收入、工资性收入和经营性收入，而乡村旅游的开发可以让农民同时增加四个方面的收入。未来几年，无人驾驶汽车一旦推向市场，乡村旅游更会呈井喷状态。

乡村振兴首要在于产业兴旺，而产业兴旺不仅仅是一产的兴旺，更需要繁荣发达的二三产业。发展农村二三产业，推进一二三产业融合，是为农民开辟新的就业增收空间的不二选择。

集人气　聚财气　养生气

——中国特色小镇建设调查

中国已经有过三次城镇化浪潮，第一次在春秋战国时期，群雄逐鹿，兴邦建城，史料记载约有八九百个城镇；第二次在宋代，工商业发达，史书中可以见到名字的市镇多达 3 600 多个；第三次形成于改革开放以来，这次城镇化浪潮发展到今天，特色小镇应运而生，这是基层的乘势而为，是市场经济的规律，也是城镇化浪潮顺应时代需求的必然结果。

我们近期赴甘肃、黑龙江、河南、浙江、山西、吉林、广东等省就特色小镇建设问题进行实地考察，以期窥斑见豹。

主要特征

1. 各类主体积极性高。各地各级政府都在制定培育政策、编制规划，争取进入国家级和省级特色小镇的培育创建名单，各类社会资本、城市工商资本都积极在特色小镇建设中寻找新的投资机会和项目。河南洛阳的金果小镇、唐三彩小镇，开封的朱仙镇，黑龙江漠河的北极小镇以及甘肃定西的书画小镇、中药材小镇等都因为入选国家或省级特色小镇正获得社会资本的热捧。

2. 各级政府推动力度大、思路宽、创意新。各地政府强化和创新了财政、组织、金融和政策等方面对特色小镇的支持。黑龙江专门设立

---

* 本文撰写于 2018 年。

了“南北特色小镇产业投资基金”，除了按照规定用于黑龙江本省的留存外，全国其他各省市的特色小镇建设均可以利用该基金。山西省积极利用境外金砖银行和亚洲开发银行的贷款项目解决特色小镇基建的融资问题。甘肃省把特色小镇纳入新型城镇化试点工作范围，利用原有的新型城镇化试点工作领导小组统筹特色小镇的建设工作。浙江省则有专门的特色小镇规划建设工作联席会议办公室来负责协调相关工作的开展。

3. 发展类型多、种类全。一是大中城市创新要素的外溢形成的创意小镇。大城市横跨多个产业，具有强大的集聚效应，吸引了大量的资本、技术和人才，要素密集的交流与互动孕育了新思想和新实验，这些创新要素外溢便形成了众多创意小镇。这些创意小镇一般位于大中城市的周边，既不是建制镇，也不是传统意义上的开发区，而是以创新要素的聚集为边界，既帮助了大中城市疏散常住人口，又让向往城市生活的人享受到城市服务的便捷，实现城市资源的集约利用、城市功能的共建共享。浙江省嘉善县归谷小镇依托上海海归人才和资金的溢出效应，将原本是烟囱林立、污水横流的砖瓦厂腾笼换鸟，改造成鸟语花香、以高科技为主导的特色小镇。二是传统产业分工形成的专业化制造小镇。这些专业化小镇的前身不少是“一村一品”“一镇一业”和“一镇一品”等，它们原来仅在少数的一个或几个行业内从事专业化经营，充分利用地方化经济，生产传统劳动力密集型的产品，吸纳了大量农业劳动力的转移。为了应对劳动力成本的快速上涨，这些专业化小镇积极探索产业的多元化与升级改造，努力培育成生产、生活、生态及生意“四生一体化”的特色小镇。浙江绍兴的大唐袜艺小镇原来是生产廉价袜子的专业小镇，由于工资成本增长过高、过快，当地积极探索传统袜子产业的转型升级，由制造转向设计，打造“世界袜业设计中心”，根据人体运动时肌肉受力的需求与时尚的需求，设计出功能型、个性化的袜子，每双袜子的售价都在百元以上，销量大增。浙江嘉善县巧克力甜蜜小镇原来也仅生产传统的巧克力，现在它们借鉴国外“好时小镇”“雀巢工厂”等工业旅游模式，并加以创新，拓展为“巧克力生产+巧克力工业旅游+

巧克力主题乐园”相结合的特色小镇，成为亚洲最大的巧克力特色旅游风景区。安徽潜山县源潭镇利用制刷传统工艺，打造成上至精密仪器用刷、下至生活生产用刷门类齐全、具有国际影响力的刷业小镇，目前正探索制定刷业的行标、国标，为中国刷业走向世界奠定基础。三是依托自然农业资源和历史文化资源形成的资源型小镇。只要有别致的自然风光、差异化的农业资源以及独特的历史人文典故就有可能形成资源型小镇，这些小镇遍布东中西部。河南洛阳市当地艺术家将传统陶瓷工艺、乡村旅游和洛宁县独具特色的环境相结合，打造出独具特色的爱和三彩陶艺小镇，虽身处大山深处，却精致至极，并通过互联网与世界陶艺名家、名地联通，影响日深。

存在问题

1. 大跃进、大手笔、大欲望。一是有些地方拼命赶速度，存在大跃进的风险。一些地方政府贪大、求多、图快，追求短期利益和表面形象变化，而对于特色小镇培育周期、投资规模、完成数量设置过高要求，急于出成果、忙于出政绩。某省要求特色小镇的建设原则上 3 年内完成固定资产投资 50 亿元左右，其他的省份也有类似的情况。二是一些地方在小镇规划的数量与规模上，手笔极大，有可能形成新的烂尾工程。一些地方政府存在计划经济思维，要求逐级下派分配任务，完成某些数量指标，计划形成所谓“省、市、县分级创建的特色小镇格局”。西部某省一地级市就拟培育创建省、市、县级特色小镇 25 个，而中部某省一地级市也提出要办 40 个特色小镇。这与国家要求集中力量重点培育基础条件较好的特色小镇的初衷并不一致，和“撒胡椒面”式的配置有限优质资源没有多大区别。而一些地方不注重集约化开发，没有明确的规划与建设边界，造成小镇的无限扩张。西部某省一小镇的建成区面积有 2.8 平方公里，但是其规划的中药材小镇总面积却高达上百平方公里，总投资高达 170 多亿元。某省已建成的一座特色小镇建成面积有

6个故宫大，建筑面积等于10个故宫，但是由于产业集聚效应不高，目前已停工年余，成了半拉子工程。三是地方政府的胃口被普遍吊高，没有把立足点主要放在特色小镇的内生动力上，而是热盼中央在优惠政策、财政资金和投资项目的安排上有大动作，形成新一轮投资拉动地方经济增长的态势，这在中西部尤其明显。

2. 目标不明、产镇脱节。聚人气、生财气、养生气应是特色小镇的追求。但一些地方目标并不明确，定位不清晰，不知道发展特色小镇是为了什么，造成严重的产镇脱节。产业与产业、产业与社区、产业与人以及产业与城乡之间缺乏有效互动，形成了产业孤岛。中部某省某镇虽属中国四大名镇，然而产业基础薄弱，仅靠残存的历史记忆很难作为小镇100亿投资目标的产业基础，特色小镇的发展与本地居民基本无关，无法凝聚“三气”，后续发展堪忧。

3. 多头管理、各自为政。一是谁在主管。关于特色小镇建设政府文件主要包括住房和城乡建设部2016年的147号文、221号文和2017年的81号文、102号文，国家发展改革委2016年的2125号文、2604号文和2017年的102号文，以及国家体育总局2017年73号文和国家林业局2017年110号文。在特色小镇申报工作中，有的是发展改革委（局）牵头，有的是住建厅（局）在牵头，目前有的体育局、林业局也分别在独自牵头做，申报条件存在分歧。二是建制镇还是非建制镇。发展改革委的相关通知一般明确表示特色小镇分两种，建制镇和非建制镇，但住房和城乡建设部发布的第一和第二批特色小镇名单中全是建制镇。无主管理和多元格局造成各说各话，互相矛盾，这给特色小镇申报和建设推进工作带来了较大困扰。

4. 规划体系模糊，为规划而规划。由于特色小镇是个新事物，没有现成的、规范的规划标准，导致有些小镇在编制规划时缺乏通盘谋划，存在产城衔接不够、功能融合不够等问题。各地要求的规划类型都不太一样，有的省要求拟申报特色小镇完成总体规划和控制性详细规划修编，后续再完成镇区的发展规划。有的省只需要有符合土地利用总体规划、城乡规划、环境功能区规划的特色小镇概念性规划。有的则要求按照“多规合一”的理念统筹编制特色小镇建设规划。特色小镇的发展不可能完全靠事前的规划，不同的发展阶段应该使用不同的规划，要充分理解和理顺各种规划之间、前期规划与后期发展之间的动态关系，做好概念性规划，预留规划的调整机制，不要为了规划而规划。现在就拿出控制性详细规划，会造成现实与详细规划不相符，这样即使制定了规划，最后也难以执行。

政策建议

1. 明确目标。特色小镇具有多功能效应。一是推进乡村的城镇化。特色小镇是城乡之间的一个缓冲空间，是城市的公共设施和公共服务向乡村延伸的承接平台，它可以让农民就地就近市民化。二是促进农民就地就业。乡村仅仅依靠农业就能生存的时代已经结束，远走他乡和抛家别亲的进城务工牺牲太大，特色小镇通过促进农民就地就业，有利于开拓农民的第三就业空间。三是疏解城市功能。特色小镇是“城市之尾、农村之首”，建设特色小镇既有助于发展农村，同时也可以疏解城市功能，缓解城市的压力。四是推进乡村一二三产业融合发展。通过发展二、三产业可以带动第一产业，以工业、服务业发展促进农业现代化。五是为城归农民工创业搭建平台。从城市返乡创业的农民工，一般资本有限，融资困难，特色小镇通过改善基础设施，搭建创业平台以更低的租金和工资成本以及更优惠的水费、电费和网费为城归农民工提供低成本的创业空间。六是为乡村振兴注入现代元素。在特色小镇的发育过程中，现代理念、现代技术、现代设施、现代经营、现代金融、现代业态、现代管理等聚集小镇并辐射周边，为乡村振兴注入现代元素。七是为城乡融合发展搭建平台。特色小镇是城乡的接合部、融合体，有助于各类资源及要素在城乡之间对流互动，促进城乡的融合发展。

2. 明确主管。特色小镇建设涉及发改、国土、财政、住建、旅游、农业、环保、文化等多个部门的协调工作。在中央层面，应充分发挥推进新型城镇化工作部际联席会议机制的作用，由国家发展改革委牵头，会同各相关部门，共同推进特色小镇和小城镇建设工作。只由住建系统牵头，造成小镇更偏重于基础设施建设，而不是产业的培育和发展。在省市县地方层面则要创立和激活特色小镇建设工作小组机制，有些地方没建立相应的议事协调机构，而有些地方的工作小组机制则形同虚设，例会制度空置。对于一些重点的特色小镇，可以适当扩大小镇的管理权限。对纳入特色小城镇建设范围的建制镇要逐步实现财权、地权、事权、人权等有序下放，其管理职能和权限可按照县城或特大镇对待。可允许非建制镇类的特色小镇成立具有一定权限的特色小镇管理委员会。逐步形成“条块结合、以块为主”的小镇管理体制。

3. 明确管什么。一是选准培育对象。不能盲目逐级下派创建特色小镇数量指标，而是应该分区、分类、分阶段选择有基础有条件的项目和地区进行重点培育。在小镇类型选择上，东部相对发达地区可以多考虑非建制镇类特色小镇建设，多搭建大城市周边的适合疏解大都市功能的发展平台。中西部相对落后地区可以适当多考虑具有区位和特色产业资源优势的建制镇进行更新打造。二是建立标准体系和评价体系。针对不同类型的特色小镇制定不同的规划设计标准，确保不同特色小镇的规划有编制指南。建立和健全特色小镇分类考核评价体系，考核的内容既要重视共性方面，也要突出差异性方面。衡量不同类型小镇的指标应该有所不同，评估考核政策不能搞“一刀切”。但不论哪种类型，以特色做产业、以绿色做底色、以秀色做形象应是共同遵守的原则。三是创新政策激励机制。改变政策扶持资金的发放时序，对于创建合格的特色小镇及时给予资金等奖励，而不是对仅处于概念阶段的特色小镇就盲目给予资金支持。

4. 明确怎么管。一是不可急于求成。经济要素的区域聚集、产业的发展速度都是按市场规律水到渠成的结果。不同产业的特色小镇，其建设发展进程、成长周期有特定的规律。由于生态保育的长期性和复杂性，生态小镇就很难在3～5年建成，而基金小镇可以利用资本市场的高度流动性短期内完成资金的巨量集结。有些小镇有着深厚的历史发展基础，稍加整合，很快就可以建成，有些小镇却处于初创阶段，需要相对较长的时间才能见到成效。因此，特色小镇建设的考核周期要保持弹性的考核期限，要有足够的耐心。二是应因镇施策，以充分彰显小镇特色为目标，不能千镇一面。特色产业是支撑特色小镇可持续发展的生命力，也是特色小镇赖以存在的基础。不同的特色小镇要形成不同的产业分工，尤其在相邻区域主攻同一产业，更要差异化定位、细分领域、错位发展，不能丧失独特性。三是做好引导、指导和疏导。对于一个基础良好，迅速发展的小镇，需要的是政府做好引导，即充分发挥优惠政策及财政资金的引导作用。对于处在转型和产业升级阶段的小镇更多需要的是政府给予方向性、战略性指导。而对于一些发展中遇到阻力的小镇，政府应及时帮助疏导，拆除障碍。总之，政府既不能完全“无为而治”，也不要大包大揽。四是建立市场、社会和政府三位一体的治理体系，形成各司其职、各负其责，既互相配合又相互制衡的现代治理格局。特色小镇建设仅靠政府是远远不够的，应充分发挥市场和社会的力量，广东丰顺县留隍镇，有亿万富翁230多个，十亿以上的富翁多达几十个；湛江黄略村有上千个千万富翁，他们中许多都有奉献乡里的意愿，政府只需稍加组织引导便可立马成势。宋代小城镇发展之所以快速高效，其中一条重要因素就是政府只设税收、防火两个机构，其余由地方自治。这一做法可以借鉴，尽量减少行政机构设置，给市场和社会更多的自由度和主动权。

让农民唱主角是乡村振兴的大逻辑

乡村振兴为了谁，乡村振兴依靠谁，是乡村振兴需要弄清的大逻辑。乡村振兴，其标志性体现就是让“农业强起来，农民富起来，农村美起来”。要实现“三个起来”，迫切需要的是凝聚力量，群建共治，发挥农民群众的主体性和主观能动性，让农民唱主角。但目前不少地方是政府单方面地主抓、主推一些需要共同努力的乡村事项，农民群众反而缺席、失语，甚至漠然旁观。离开了农民的参与，即使村庄建设得再美，那也不是农民期盼的乡村振兴。乡村是农民的乡村，农民是乡村的创造主体、发展主体、受益主体、价值主体，同时也是监督主体。乡村振兴不是为了农民、不是依靠农民的振兴，振兴便没有意义。只有充分调动广大农民建设自己家园的热情，让农民唱主角，乡村振兴战略才能落到实处，才具有实实在在的价值。

乡村发展的根本体现的是人的全面发展。乡村振兴战略要求实现“产业兴旺、生态宜居、乡风文明、治理有效、生活富裕”。“五子”登科的内在要求旨在统筹推进农村经济建设、政治建设、文化建设、社会建设、生态文明建设，在“五位一体”推进中，建立健全城乡融合发展的体制机制和政策体系，加快推进农业农村现代化。农民在投身这一建设过程中，不仅把家乡建成了美丽的家园，更重要的是自身整体素质得以提升。实现人的全面发展才是乡村振兴的根本目标。

产业兴旺，激发农民主动选择是关键。产业兴旺，是乡村振兴的基础，也是推进经济建设的首要任务。必须紧紧围绕促进产业发展，引导

* 本文撰写于2018年。

和推动更多的资本、技术、人才等要素向农业农村流动，千方百计激发广大农民的积极性、创造性，形成现代农业产业体系，实现一二三产业融合发展，保持农业农村经济发展的旺盛活力。在具体过程中，政府应该推行提供菜单式服务，建立“农民点菜、政府端菜”的工作机制，政府根据当地实际，为农民提供能够做到的服务项目，然后向社会公布，让农民按照自身的优势和条件申请项目，政府再对照申请事项提供服务。比如，农民家庭拥有一台拖拉机，政府就帮他加入机械收割合作社；农民具备养牛技术，政府就帮他发展肉牛养殖，切不能一刀切，由政府主张去养鸡或种菜。一哄而起，结果必然是一哄而散。只有这样，才能让农民变被动接受为主动点单，破解政务服务中的堵点、痛点、难点问题，才不会使得“王夫之定律”屡屡发生，农民也才能各显其能，分散决策，长久地积极参与农村产业建设，实现产业兴旺。

生态宜居，引导农民投身改造是关键。加强农村资源环境保护，大力改善水电路气房讯等基础设施，统筹山水林田湖草保护建设，保护好绿水青山和清新清净的田园风光，每项具体工作都必须让农民亲力亲为。

首先，在新农村建设中，重点要引导农民亲自参与环境改造，从方案拟定到选址建设等一系列过程都要与农民充分讨论，并征求他们的意见，构建尊重、适合、契合农民需求的宜居乡村。切不能由政府盲目拍板决定，主观臆断地搞村庄大合并，为农民构建高楼洋房。农民需要的是“小桥流水人家、房前屋后种菜种瓜”的居住格局，一些地方的“灭村运动”虽然使生活条件有所改善，但造成了农民远离生产，种地要跑十几里路的尴尬局面。

其次，生态环境治理更需要农民亲自参与和治理，包括家庭住所整洁、环境卫生清洁、生态系统维护，只有农民亲自参与并维护，良好的生态宜居环境才能持续且长久。我们虽然出台了古今中外最严厉的环保措施，责任终身追究，但再严厉的制度也抵不上农民的自觉参与来得有效。

再者，生态宜居应生产、生活、生态和生意“四生”契合。所谓生意，即要开发出活跃的市场。没有繁荣的市场流通，再先进的生产方式，再高档的生活品质，再优美的生态环境，也是死水一潭，与世隔绝的古代世外桃源不是现代人追求的生活方式。

乡风文明，鼓励农民广泛参与是关键。乡风文明是加强乡村精神文明建设的重要举措。乡风文明就是要促进农村文化教育、医疗卫生等事业发展，推进移风易俗、文明进步，弘扬农耕文明和优良传统，使农民综合素质进一步提升、农村文明程度进一步提高。抓乡风文明，重在约定俗成的乡规民约建设。必须鼓励农民广泛深度参与讨论进而重构切合当地实际的乡规民约，充分挖掘吸收当地好的家训、家教、家风，既要结合实际融入现代治理模式，使乡规民约契合法治精神，又要充分挖掘传统乡规民约的现代价值，使其顺应时代要求，而非乡村干部坐在办公室凭空想象制定出一套制度。在当今时代社会价值、人生观念多元的背景下，通过集思广益共同探讨制定的乡规民约才具有可行性和约束力，农民只有了解乡规才能遵守乡规。由于农村青壮年劳动力外出打工不断引入外部文明，应利用春节等传统节假日农民回乡的有利时机，及时对不合时宜的乡规民约更新换代，最大限度随时吸收先进理念、先进习俗，让乡规民约的教化、引导作用活在现实生活中。在操作过程中，适时通过各种现代技术手段（如微信等）让农民广泛参与讨论修订。在讨论修订中落实，在落实中调控乡土社会秩序，是推动乡风文明的关键举措。

治理有效，帮助农民推进“三治”是关键。实现乡村治理有效，必须构建一个以党的基层组织为核心，村民自治和村务监督组织为基础，农民群众广泛参与的自治法治德治相结合的治理体系。针对当下乡村社会法治还不健全的现实，应不断创新方法，引导农民依靠法治推进经济发展，依靠法治扫黑除恶，依靠法治扶正除邪，依靠法治维护农村的和谐稳定。中国传统乡村社会本就是一个自治与德治相结合的治理制度，有许多传统精华可以继承。例如借鉴传统乡贤文化，以新乡贤文化推动乡村治理。新乡贤文化作为一种“软约束”“软治理”，有利于健全乡村居民利益表达机制，激发村民参与乡村事务的积极性，并提高其凝聚力和自治能力。新乡贤一般为乡民邻里间威望高、口碑好、有地位，具有新知识、新眼界的人，是地方公认的价值标杆和治理权威，在社会价值引领、社会资源配置、社会矛盾调处、社会道德走向、社会风气形成等方面起到了不可替代的作用。他们是国与家、公与私、官与民联结的缓冲带、减压区，是二者利益平衡的中枢，农民对他们有着很高的信任度和依靠性，让农民积极参与新乡贤文化建设，是实现治理有效的重要途径。

生活富裕，推动农民充分就业是关键。生活富裕是建立美丽社会、和谐社会的根本要求。生活富裕就是要让农民有持续稳定的收入来源，经济宽裕，衣食无忧，生活便利，共同富裕。实现农民生活富裕，必须把大力发展农村生产力放在首位，拓宽农民就业创业和增收渠道，让农民实现充分就业。农民就业有三大空间。第一个空间是不离土不离乡的土地，我们比美国多十亿人口，而美国差不多比我们多十亿亩耕地。在现有的资源禀赋条件下，仅仅依靠土地，农民不可能实现充分就业，乡村也不可能得到繁荣发展。“一个月种田、三个月过年、八个月空闲”的生产模式，显然不能满足农村劳动力实现充分就业的需要，更无法获得较高的收入回报。第二个空间是离土又离乡的进城打工，这是权宜之计，在城乡二元经济结构体制下，农民无法以家庭为流动单元，很难落户城市，且老人得不到赡养、子女得不到教育，极易引发社会问题。第三个空间是离土不离乡的农村二三产业，即农产品加工业和为农业服务的服务业，可克服一二产业就业空间的不足，让农民能够就地就近利用空闲时间实现充分就业，从而持续增收，实现生活富裕的目标。当务之急，就是大力发展农村二三产业，如农产品精深加工、乡村旅游、耕种、收割、田管等社会化服务产业，实现小农户与现代化的有效对接，让农民不出家门就能把资源变资产、把技能变资本、把劳动变资金，从而实现增收致富，增强他们的获得感、幸福感。

发展农民的发展权

在生存权得到保障后，农民的发展权是农民各项权利的总和。四十年农村改革过程中，从增加农民的经济利益到保障农民的民主权利，各项制度在变迁中不断深化。农民问题是“三农”问题的首要问题，其实质是农民在基本解决生存问题之后如何获得进一步发展。以人为本，促进农民的发展，是乡村振兴的价值目标。开发农村人力资源、提升农民的发展能力是乡村振兴的首要任务。改革开放四十年来，我国始终把实现好、维护好、发展好广大农民根本利益作为农村一切工作的出发点和落脚点，坚持以人为本，尊重农民意愿，着力解决农民最关心、最直接、最现实的利益问题。总体上可分为宽政、少取、多予、赋权、优先五个层面。

宽政

1982 年到 1986 年，中央以“三农”为主题连续出台了五个 1 号文件，这五个文件中“可以、可以、也可以”“允许、允许、也允许”的政策放宽一共出现了 30 多次，这些都是为实现农民发展权在特定历史条件下出台的重大举措。

一是放活土地。1978 年底，党的十一届三中全会召开，在解放思想、实事求是的精神指导下，全会决定把全党的工作重心转移到经济建设上来，并提出要集中精力把农业搞上去，原则通过了《中共中央关于

---

* 本文撰写于 2018 年。

加快农业发展若干问题的决定（草案）》，指出："我们一定要加强对农业的合乎客观实际的领导，切实按照经济规律和自然规律办事，按照群众利益和民主方法办事"，"我们的一切政策是否符合发展生产力的需要，就是要看这种政策能否调动劳动者的积极性"。正是由于会议精神的影响，才使包括小岗村在内的一批贫困农村敢于在 1978 年底"偷吃"包干到户的"禁果"。1982 年中央 1 号文件下发，指出包产到户、包干到户"不同于合作化以前的小私有的个体经济，而是社会主义农业经济的组成部分"正式承认了"双包"责任制的合法性。一个稍有松动的新解释，使家庭承包经营在全国逐步普遍推开，以 550 多万个生产队为经营主体的生产组织形式迅速裂变，逐渐变成 2.3 亿个农户为经营主体。家庭能量得以充分释放。1991 年中共十三届八中全会通过的《中共中央关于进一步加强农业和农村工作的决定》，把"以家庭联产承包为主的责任制、统分结合的双层经营体制"正式确立为我国乡村集体经济组织的一项基本制度，并要求不断对其充实完善。至此，"集体所有、农户承包、统分结合"成为我国农村改革尤其是土地经营制度改革的基础和出发点。土地是农民安身立命的基础，是农民最主要也是最重要的财产，获得承包经营权的农民如虎添翼，把中国人几千年世世代代没有解决的温饱问题一下解决了。小岗村当年承包当年就实现粮食产量翻四番的放卫星式增长。

二是放活经营。自 1953 年开始，国家逐步推行粮棉油等重要农产品统购统销制度，只允许国家粮食部门和供销合作社等特定机构按计划价格收购农产品。此后，这种计划派购逐步扩大到生猪、鸡蛋、糖料、烤烟、蚕丝、麻类、水产等 132 种农产品品类。很多产品的派购任务占总产量的 90%以上。这种高度计划的农业生产体制，使农业完全受制于计划指令，使农民完全依附于集体经济，层层分指标，让种什么只能种什么，让种多少只能种多少，"小而全"的自给性生产，造成了供给与需求的严重脱节，生产与市场的两头盲目，生产主体没有主动权，农民劳动没有积极性。家庭联产承包制的推行，大大解放了生产力，农民的生产积极性得以充分发挥，但统购统销的计划制度依然存在，农民生产的产品大量积压过剩，农产品卖难一度让各级领导深感头痛，农民利益严重受损，放活经营成了基层干部群众最强烈的呼声。1979 年开始对农产品统购派购的范围和数量进行重新限定，并且确定收购基数，一定几年不变。到 1980 年统购任务产品由 132 种减少到 127 种。1983 年，中共中央发布《当前农村经济政策的若干问题》强调指出统购派购的任务不宜过多，除棉花外，农民完成统购派购任务后的剩余产品允许多渠道经营。这一政策的松动，使农产品市场逐步活跃，农产品卖难问题有了很大缓解。1985 年，党中央、国务院又发布了《关于进一步活跃农村经济的十项政策》，全面改革农产品统购派购制度并放开大部分农产品价格，同时实行合同定购与市场收购并行的“双轨制”政策。这一制度的实施完全终结了过去长期实行的国家统购制度，让农民获取了经营自主权并逐步成为具有自我发展能力的商品生产者。这是新中国成立以来国家在放活农业经营方面最大步伐的跨越，具有划时代意义。

三是放活领域。计划经济使一二三产的产业界线分明，水火不容，农民只能种地，不得从事二产、三产，如果违反禁令，轻则重罚，重则坐牢。农民拉板车搞贩运就是投机倒把，有一项罪名就叫投机倒把罪。农民被束缚在土地上，只能在生产队这个集经济、政治、社会、文化于一身的集体组织管理下被动机械地从事农业劳动。搞点家庭副业、从事农产品初级加工或参与市场流通贩运产品只能偷偷摸摸进行。1987 年，邓小平会见南斯拉夫共产主义者联盟中心主席团委员科洛舍茨时说：“农村改革中，我们完全没有料到的最大收获，就是乡镇企业发展起来了，忽然冒出搞多种行业、搞商品经济、搞各种小型企业，异军突起”。家庭承包经营充分释放家庭能量的同时，也充分调动了农民的积极性、主动性、创造性，他们手里有了余钱，毫不犹豫地从第一产业闯入第二、第三产业，务工经商、办厂，如火如荼的乡镇企业出现了“村村点火、户户冒烟”的繁盛局面。1984 年党中央、国务院转发了农牧渔业部《关于开创社队企业新局面的报告》，将原社队企业更名为乡镇企业，并要求放开对经营者的限制，将户办、联户办的企业与原社队企业统称为乡镇企业，从此农民可以堂而皇之地从事二三产业。1984 年的乡镇企业中，个体办和农民联户办企业分别为 329.6 万个和 90.6 万个，占全国乡镇企业总数的 54.3%和 15%，超过集体企业一倍以上。到 1988 年，户办、联户办企业数量已达 1 729.2 万个，占比超过 91%。1996 年国家又颁布了《中华人民共和国乡镇企业法》，从而确立了农民从事二三产业的合法地位。农民在这一异军突起的经济现象中，虽然带着两脚泥闯进市场，但经历了市场经济的洗礼后，许多人成为中国乃至世界级企业的领军人物。

少取

改革开放以前，我国走的是一条城乡分割、重城轻农的发展道路。在计划经济体制下，财政资金主要投向重工业，而农村公共物品的供给基本以自力更生为主，财政支农力度十分有限。改革开放后，国家发展战略发生根本性改变，财政支农力度逐渐加大，原来由农民出钱的一些费用开支，逐渐变为由财政负担，公共财政覆盖农村成为农村税费改革的重要方向。纵观农村财税制度的演变，本质上是国家与农民关系的演变，从“多取”到“少取”到“不取”，最终目标是实现城乡基本公共服务均等化，“养鸡下蛋”，增强农民的再生产能力。

推行家庭承包经营制度后，农民获得了生产经营自主权，成为独立的生产经营主体。原有的“三级所有、队为基础”的人民公社管理体制逐步解体，被由乡镇政府和村民自治组织构成的乡村治理机制取代。实行政社分开、建立乡镇政府，设立村民委员会和村民小组，实行村民自治。随着乡镇政府的建立，乡镇一级财政和相应的预决算制度逐步建立起来，收入来源和开支范围进一步得到明确；村集体财务收入来源，主要依靠收取农业税费提成和直接向农民收取公积金、公益金和管理费，还向农民直接收取其他税费。更加雪上加霜的是，1985 年到 1987 年全国流行的一句口号，“人民事业人民办”，于是各部门也纷纷向农民伸手，十几顶大盖帽围着一顶破草帽，变着法儿掏农民腰包。而乡镇政府机构建立起来后，乡镇政府的职能不断增加强化，人员快速增加，财政供养负担加重，到 20 世纪 90 年代中后期，有相当一部分的乡镇政府和村级组织已经很难正常运转。1993 年 12 月 15 日，国务院发布《关于实行分税制财政管理体制的决定》，从 1994 年开始实行分税制改革。这项改革的内容可以概括为“按事权划分支出、按税种划分收入、建立税收返还制度、建立转移支付制度”。从当时的制度设计和实施效果来看，这次改革没有成为健全地方财政体制、解决农民负担问题的契机，反而使农民负担问题进一步趋于恶化。在中央政府财政投入不足的情况下，农村基础设施建设、基础教育和医疗卫生等公共事业，主要依靠地方政府向农民征缴的税收、三提五统、集资、摊派、积累工和义务工提供。“头税轻（农业税）、二税重（乡统筹、村提留等收费）、三税是个无底洞（指其他集资、摊派等）”的现象比较普遍，加上“搭车”收费、加码收费等，农民负担逐步加重。有关资料显示，1990 年，不少地方向农民征收的各种负担多达 149 项。农村基层干部被称为“要粮要钱要命（计划生育）”的“三要”干部，干部们自我解嘲称是“人要生了，狗要熟了”，天天去要，群众见了就躲，而去多了，狗都不再咬他们。有些地方农民与基层政权组织的矛盾激化，农民负担问题引发的恶性案件和群体性事件时有发生。农业逐渐凋敝，有的农民甚至不惜放弃承包土地，不愿种地，农村发展、农民生活陷入困境。

为从根本上解决农民负担问题，2000 年 3 月，中共中央、国务院下发《关于进行农村税费改革试点工作的通知》，确定在安徽全省实行以“三取消、两调整、一改革”为主要内容的农村税费改革试点。具体内容包括：取消乡统筹费、农村教育集资等专门面向农民征收的行政事业性收费和政府性基金、集资，取消屠宰税，逐步取消统一规定的劳动积累工和义务工；调整农业税和农业特产税政策；改革村提留征收使用办法。2001 年 3 月，国务院发出《关于进一步做好农村税费改革试点工作的通知》，围绕取消"两工"的步骤和期限，进一步完善农村税费改革的有关政策。江苏自主决定在全省范围实施改革试点。2002 年 3 月，国务院办公厅发出《关于做好 2002 年扩大农村税费改革试点工作的通知》，确定河北省等 16 个省（自治区、直辖市）为试点省。2003 年 3 月，国务院发出《全面推进农村税费改革试点工作的意见》，决定在全国普遍开展农村税费改革试点工作。

2004 年国家开始实行减征或免征农业税的惠农政策，决定农业税税率总体上降低 1 个百分点，取消除烟叶外的农业特产税，并选择吉林、黑龙江两省进行全部免征农业税试点。2005 年中央决定在国家扶贫开发工作重点县实行免征农业税试点，在其他地区进一步降低农业税率，在牧区开展取消牧业税试点，28 个省（自治区、直辖市）全部免征农业税。2005 年 12 月全国人大常委会通过关于废止《中华人民共和国农业税条例》（以下简称《农业税案例》）的决议。2006 年农业税于 1 月 1 日起全面取消，《农业税条例》被废止。这意味着在我国沿袭了 2 600年之久的农业税的终结。农业税和"三提五统"的取消，减少了农民负担，增加了农民权利，还体现了"公平"原则。从公元前 594 年鲁国初税亩开始，交纳皇粮国税一直是农民天经地义的义务。今天我们已经由以农养政进入以工养政、以商养政时代，结束农业农民农村对经济社会发展做出的巨大牺牲，还农民以公平，让农民快发展，恰逢其时。

随着"农业四税"（农业税、农林特产税、牧业税、屠宰税）和"乡镇五项统筹"（农村办学、计划生育、军属优抚、民兵训练、道路交通）及村管理费的取消，农村公共产品的供给主体、资金来源和投入方式都发生了变化：除村内农民认为需要兴办的集体生产生活等其他公益事业项目所需资金采取"一事一议"的办法筹资筹劳外，原来由乡镇政府和村级组织提供的公共产品则由国家财政负担。中央不失时机地做出了推进农村综合改革的重大决策，强力实施乡镇机构、农村义务教育、县乡财政管理体制改革，建立了精干高效的农村行政管理体制和运行机制、覆盖城乡的公共财政制度、政府保障的农村义务教育体制，促进了农民减负增收和农村社会事业发展。从“多取”到“少取”到“不取”，农民的发展权得到空前的提升。打破“黄宗羲定律”，让农业税永远成为只能在词典中才能找到的历史名词，这是中华民族前无古人的壮举。

多予

进入21世纪以来，国家财政支农资金投入快速增加。以2003年为分水岭，“公共财政覆盖农村”正式提到政策层面。按照2002年党的十六大提出“统筹城乡经济社会发展”的要求，国家财政把“让公共财政的阳光逐步照耀农村”作为新时期财政支持“三农”的基本指导思想。国家财政支持“三农”的政策出现了重大转变，农民看到了实现基本公共服务均等化的曙光。近年来，中央不断调整国民收入分配格局，增加国家财政和预算内固定资产投资对农业农村的投入，逐步建立了财政支农资金稳定增长机制。从2003年的1 754.5亿元增加至2012年的12 387.6亿元，农业支出占财政支出的比重由7.1%增加至10.5%。“十二五”期间，全国一般公共预算用于农林水事务支出规模屡创新高，年均增长16.4%。2006年中央提出“三个高于”的要求，即“国家财政支农资金增量要高于上年，国债和预算内资金用于农村建设的比重要高于上年，其中直接用于改善农村生产生活条件的资金要高于上年”。2008年提出了“三个明显高于”的原则，即“财政支农投入的增量要明显高于上年，国家固定资产投资用于农村的增量要明显高于上年，政府土地出让收入用于农村建设的增量要明显高于上年”。2010年中央要求按照总量持续增加、比例稳步提高的要求，不断增加“三农”投入。进入21世纪以来，以“三农”为主题的历年1号文件均强调构建“三农”投入稳定增长长效机制，在各级财政支出过程中把农业农村作为优先保障领域；同时，调整完善财政支农政策体系，实施农业可持续发展战略、支持发展多种形式农业适度规模经营、提高农业补贴的精准性和指向性，构建完善针对农村贫困地区、贫困人口的财政综合扶贫体系。

国家财政大幅度增加了农村基础设施建设的投入，加强农村人畜饮水安全、农村电网改造、乡村道路、农村沼气、农村危房改造等基础设施建设，明显改善了农村居民的生产生活条件。截至 2015 年底，全国农村集中式供水人口受益比例从 2004 年底的 38%提高到 82.4%以上，农村自来水普及率达 76%，供水保证程度和水质合格率均大幅提高。自 2005 年农村饮水安全工程实施以来，全国共解决 5.2 亿农村居民和 4 700 多万农村学校师生的饮水安全问题，加上原有的农村供水基础，我国农村饮水安全问题基本得到解决。全国 50 多万个行政村已基本实现通路、通电、通水、通广播、通网络宽带的五通工程。自 2008 年以来，农村危房改造逐步由试点转为全面推开，到 2016 年底，全国完成农村危房改造 2 300 多万户。农民对农村的发展用三个字概括：生活看住（楼房渐多）、生产看路（村村通基本实现）、生态看树（绿化普及）。

国家财政加大了对农村社会事业发展的投入，农村基础教育、医疗卫生、社会保障水平显著提高。自 2006 年起，深化农村义务教育经费保障机制改革，对农村学生实行“两免一补”（免学杂费、免费提供教科书、对家庭经济困难寄宿生补助生活费），到 2012 年，全国近 1.3 亿农村学生享受了免除学杂费和免费使用教科书的政策，3 000 多万寄宿生被免除了住宿费，中西部地区 1 200 多万家庭经济困难寄宿生获得生活费补助。2003 年启动新型农村合作医疗试点，中央和地方财政每人每年各补助 10 元；2016 年各级财政补助标准提高到每人每年 420 元，新型农村合作医疗实现了农村居民全覆盖。从 2009 年下半年开展新型农村社会养老保险试点，到 2012 年仅用 3 年的时间就基本实现了社会养老保险全覆盖，到 2014 年已开始建立全国统一的城乡居民基本养老保险制度，2015 年我国首次统一提高全国城乡居民养老保险基础养老金最低标准。2007 年开始在全国范围内建立农村居民最低生活保障制度，2011 年农民最低生活保障标准提高到每人每月 130 元，并要求逐年增长。

国力在提升，财力在增强。历朝历代都逃不过以农养政、以农养国、以农养城、以农养兵的命运，今天我们终结了长达几千年的循环，进入以工养政、以商养政的新时代，农业占GDP比重已经降到10%左右，农民已经不再需要为发展城市、发展工业支付代价。相反，城市和工业对“三农”的反哺在逐步加大。重农思想始终贯穿于中国封建社会的历朝历代，490多个皇帝无一不把重农放在首位，但又无一不是只重业而不重人，农民反而成为被剥夺最重的对象。今天，我们终于跳出重业不重人的窠臼，重业更重人，重业必重人，农民从此进入“为了自己发展，不受他人剥夺”的新时代。

赋权

制约农民发展的因素很多，但最大障碍莫过于权利的缺失。赋予农民更多影响发展的权利是农民分得的最大改革红利。

1. 自由迁徙权。1958年第一届全国人大通过了《中华人民共和国户口登记条例》，实行城乡分割的二元制度，城乡人口被严格地分割开来。从1958年到1978年，我国严格城乡隔离经历了20年。其间，城乡之间、农村地区之间的人口流动都受到严格限制。除了特殊情况和计划用工之外，农民被严格束缚在土地上，大量人员积压在第一产业，人地矛盾加剧，导致农业生产效率长期低下。1978年的全国人均粮食占有量仅和1957年相当，全国农村有2.5亿人没有解决温饱问题。这期间的城市化进程也受到了严重影响，城市化率仅从16.2%上升到17.9%。以家庭联产承包责任制为核心的农村改革催生了户籍制度的改革。《中共中央关于1984年农村工作的通知》指出，“各省、自治区、直辖市可选若干集镇进行试点，允许务工、经商、办服务业的农民自理口粮到集镇落户”。这次改革并不包括县政府所在地的镇。当年全国流动人口猛增到2 000万，从此以后，国家加快了户籍改革，乡村人口的迁徙也越来越势不可挡。1992年邓小平同志南方谈话后，农业经济结构得到进一步调整，人口流动方面的政策重点转移到宏观调控下的有序流动。1993年党的十四届三中全会通过的《中共中央关于建立社会主义市场经济体制若干问题的决定》明确指出，逐步改革小城镇的户籍管理制度，允许农民进入小城镇务工经商，发展农村第三产业，促进农村剩余劳动力的转移。根据这个文件，从1994年开始，由公安部、建设部、农业部、国家经济体制改革委员会等部门组成的研究小组，开始制订小城镇户籍改革方案。这个方案明确指出，“要积极地、分阶段地推进户籍制度改革，最终取消城市户口和农村户口的划分，消除城乡人口流动的制度障碍”。改革的基本方针是，农民如果在小城镇有稳定的职业、收入，固定的住所，那么就允许他们向小城镇迁移。这里把迁移户口又放宽到了县政府所在的镇，这在1984年改革的基础上又前进了一步。

2003年10月14日中国共产党第十六届中央委员会第三次全体会议通过的《中共中央关于完善社会主义市场经济体制若干问题的决定》明确指出，“农村富余劳动力在城乡之间双向流动就业，是增加农民收入和推进城镇化的重要途径。建立健全农村劳动力的培训机制，推进乡镇企业改革和调整，大力发展县域经济，积极拓展农村就业空间，取消对农民进城就业的限制性规定，为农民创造更多就业机会。逐步统一城乡劳动力市场，加强引导和管理，形成城乡劳动者平等就业的制度。深化户籍制度改革，完善流动人口管理，引导农村富余劳动力平稳有序转移。加快城镇化进程，在城市有稳定职业和住所的农业人口，可按当地规定在就业地或居住地登记户籍，并依法享有当地居民应有的权利，承担应尽的义务”。近几年，中央又不断发文要求各地取消中小城市户籍限制，让农民可以自由迁徙到城镇，这项改革无疑对农民是最大的福音，几代人的城市梦终于得圆。

2. 参政议政权。新中国成立后，我国在人大代表选举中一直实行的是按比例原则配置选举权制度。1953年2月11日通过的我国第一部选举法明确规定，城乡人大代表可以代表不同的选民人数。在选举全国人大代表时，农村每一代表所代表的人口数是城市每一代表所代表的人口数的8倍；在选举省、县人大代表时，则分别是5倍和4倍。这些城乡不同比例的规定，是不平等的。1979年7月1日，五届全国人大二次会议通过的我国第二部选举法即现行选举法，这些比例没有变化。1995年2月28日，我国第三次修改现行选举法时，农村选民的选举权被统一规定为城市选民选举权的1/4，使城乡居民的选举权向更为平等的方向迈出了一大步。2006年，国发5号文件首次明确提出要保障农民工依法享有的民主政治权利。招用农民工的单位，职工代表大会要有农民工代表，保障农民工参与企业民主管理的权利。农民工户籍所在地的村民委员会，在组织换届选举或决定涉及农民工权益的重大事务时，应及时通知农民工，并通过适当方式行使民主权利。党的十八大以来，《国务院关于进一步做好为农民工服务工作的意见》较为系统地提出了保障农民工依法享有民主政治权利的措施。如重视从农民工中发展党员，加强农民工中的党组织建设，健全城乡一体、输入地党组织为主、输出地党组织配合的农民工党员教育管理服务工作制度。积极推荐优秀农民工作为各级党代会、人大、政协的代表、委员，在评选劳动模范、先进工作者和报考公务员等方面与城镇职工同等对待。随着城市化进程不断加速，社会结构发生深刻变化，我国城镇化率在2009年已接近50%。在此背景下，2010年，十一届全国人大三次会议通过了修改后的选举法，明确实行城乡按相同人口比例选举人大代表这一重要原则。实行城乡按相同人口比例选举人大代表，对各省区市的全国人大代表名额重新进行分配，即每一全国人大代表代表相同的城乡人口数。十二届全国人大代表选举按城乡约每67万人分配1名代表名额。实现城乡居民选举权平等，不仅有利于顺利将大量的农民工转变成工人，巩固工人阶级在国家政权中的领导地位，提高党和国家发展社会主义民主政治的能力，而且有利于构建社会主义和谐社会。实现城乡居民选举权的完全平等，农民作为整体就有了与其人口基本相当的话语权，农民的利益和意志就会在国家权力机关得到充分体现。这必然有利于从整体上促进我国社会主义和谐社会建设的质量。

3. 生活保障权。 进入20世纪90年代，一些地方开始真正的农村最低生活保障制度试点。1992年，山西省在左云县率先开展了试点工作。1994年，民政部提出要在农村初步建立起与经济发展水平相适应的层次不同、标准有别的社会保障制度。同年，上海市在3个区开展农村低保工作试点。1995年12月11日，广西武鸣县颁布了《武鸣县农村最低生活保障线救济暂行办法》。这是中国出台的第一个县级农村最低生活保障制度的文件。1996年民政部又印发了《关于加快农村社会保障体系建设的意见》，并制定了《农村生活保障体系建设指导方案》，将试点扩大到256个市县。到1997年底，全国已有997个县市初步建立了农村最低生活保障制度。但是此后由于宏观政策环境的限制和重点推进城市最低生活保障制度，农村最低生活保障建设虽有进展，但发展缓慢。2002年党的十六大召开，党中央提出"有条件的地方，探索建立农村最低生活保障制度，并在各方面对农村最低生活保障制度建设加以支持"。2007年国务院发布了《国务院关于在全国建立农村最低生活保障制度的通知》，开始在全国范围内建立农村居民最低生活保障制度，将符合条件的农村贫困家庭全部纳入低保范围，2011年农民最低生活保障标准提高到每人每月130元，2011—2015年农民低保标准年均增长率18%，部分城市实现了城乡低保标准的"并轨"。

我国农村扶贫开发的基本方针是"以开发式扶贫为主，救助式扶贫、保障式扶贫为辅"。其中，开发是促发展，救助、保障是保生存。1986年，针对救济式扶贫战略"救急不救穷"的弊端，我国实施了开发式扶贫战略，力求变"输血"为"造血"，依托贫困地区资源开发，基础设施建设和重点项目带动，采取整村推进、劳动力培训、产业化扶贫等措施，有效增强贫困地区的自我发展能力。但与此同时，由于我国农村贫困人口中许多是缺乏劳动自救能力的残疾人员、孤老和孤儿，依靠开发式扶贫很难使这些贫困群体脱贫，还需要通过救助式扶贫和保障式扶贫保证其基本生活，特别是实施《中国农村扶贫开发纲要（2001—2010年）》以来，各级政府加快建立农村社会保障体系和多样化生活救助机制，从而按照分类指导的原则，构建起了一个更具针对性、科学性的扶贫政策体系，多维度帮扶农村贫困人群：对具有劳动能力和开发潜力的贫困人口，帮助其脱贫致富；对缺乏开发条件区域的贫困人口，帮助其易地脱贫；对丧失劳动能力的特困人口，完善社会救济和最低生活保障制度，保证其基本生活。

《中国农村扶贫开发纲要（2011—2020年）》中首先提出十年扶贫的目标是“两不愁三保障”的新理念，即“稳定实现不愁吃、不愁穿，保障其义务教育、基本医疗和住房”，2015年11月召开的中央扶贫开发工作会议又在此基础上增加了贫困地区农民人均可支配收入增幅高于全国平均水平，基本公共服务主要指标接近全国平均水平。党的十八大以来又提出脱贫攻坚的一系列重大举措，这些都为保障农民的基本生活筑牢了强有力的防线，使全体农民再无生存之忧。

4. 土地财产权。土地财产权的变迁是赋予农民发展权的最直接、最实在、最具体的体现。1978年开始实施的家庭联产承包责任制建立了一套新的农地制度。1978年到1979年，从全国范围来看，继续推行定额包工责任制，不许包产到户和包干到户。1982年1号文件明确肯定了分户经营、自负盈亏的包干到户经营方式是建立在土地公有基础上的。1983年中央充分肯定了联产承包责任制。1984年1号文件要求土地承包“15年不变”，也被称为“第一轮承包”，同时规定，“社员在承包期内，因无力耕种或转营他业而要求不包或少包土地的，可以将土地交给集体统一安排，也可以经集体同意，由社员自找对象协商转包。”1991年1号文件首次提出“把以家庭联产承包为主的责任制、统分结合的双层经营体制，作为我国乡村集体经济组织的一项基本制度长期稳定下来。”1993年，中央11号文件要求土地承包“30年不变”，也被称为“第二轮承包”，同时提出“增人不增地、减人不减地”的办法。1998年党的十五届三中全会规定，“土地使用权的合理流转，要坚持自愿、有偿的原则依法进行，不得以任何理由强制农户转让。”2008年党的十七届三中全会指出：“赋予农民更加充分而有保障的土地承包经营权，现有土地承包关系要保持稳定并长久不变……允许农民以转包、出租、互换、转让、股份合作等形式流转土地承包经营权，发展多种形式的适度规模经营。”党的十八大之后，随着全面深化改革的推进，党中央开始赋予农民承包土地更多财产权利。2013 年中央 1 号文件指出，用 5 年时间基本完成农村土地承包经营权确权登记颁证工作。产权清晰是市场经济的基本要求。十八届三中全会《决定》要求“赋予农民更多财产权利”，在使用、收益和流转的基础上，提出了农民对承包地的占有权，首次明确承包经营权具有抵押、担保、入股权能。农民获得了把承包土地的经营权拿到金融机构进行抵押、担保或者以土地入股农业企业的权利，从而可以得到金融支持或经营性收入。这些安排，在拓展农村土地承包经营权权能方面，无疑有了重大突破。

2014 年中央 1 号文件正式提出农村土地所有权、承包权、经营权“三权分置”的政策，即在落实农村土地集体所有权的基础上，稳定农户承包权、放活土地经营权，赋予农民对承包地占有、使用、收益、流转及承包经营权抵押、担保权能。2015 年中央 1 号文件也进一步提出要赋予农民对承包地的各项权能，允许农民土地承包经营权向金融机构抵押、担保。

在这期间，为了农户居有定所，国家也不断加强对农户宅基地的改革，相继出台了一系列加强农村宅基地管理法律和指导文件，形成了比较明晰的管理办法，基本形成“一户一宅、福利分配、无偿回收、限制流转、禁止抵押、严禁开发”的宅基地管理制度。1982 年《宪法》和 1986 年、1988 年、1998 年《土地管理法》皆规定“宅基地属于集体所有”，“出卖、出租住房后再申请宅基地的，不予批准”。2004 年国土资源部印发《关于加强农村宅基地管理的意见》规定“严格宅基地申请条件。坚决贯彻‘一户一宅’的法律规定。农村村民一户只能拥有一处宅基地，面积不得超过省（区、市）规定的标准。”经过不断完善，到 2007 年《物权法》颁布时，对宅基地权利的制度安排形成体系。此后，国家在继续严格宅基地管理的同时，开始不断完善宅基地的权利结构。

2008 年党的十七届三中全会《关于推进农村改革发展若干重大问题的决定》提出：“完善农村宅基地制度，严格宅基地管理，依法保障农户宅基地用益物权。”2013 年中央 1 号文件提出依法保障农村宅基地使用权。2015 年中央 1 号文件在中办和国办印发的《意见》基础上提出对宅基地制度改革试点采取分类实施的措施，强调对农民住房保障的新机制进行深入探索。随着土地确权工作的不断推进，2016 年中央 1 号文件在农村土地承包经营权确权登记的基础上，提出要加快推进农村宅基地使用权确权登记颁证工作。2018 年中央 1 号文件又提出将适度放活宅基地和农民房屋使用权。至此，一系列国家土地制度的放宽对于稳定农民与土地的关系、完善土地承包经营权能，具有深远的理论和现实意义。土地财产权的实现程度不断深化，使农民的发展能力越来越强。

优先

“三农”问题是中国现代化进程中最难解决的基本问题。在不同时期、不同条件下，“三农”问题的主要矛盾不同，解决问题的思路和对策也不相同。改革开放之初，我国农产品长期短缺，发展农业生产、提高农业产量、保障粮食安全是首要任务。经过 20 多年的改革与发展，中国的粮食和其他主要农产品的供给已经由长期短缺转变为总量基本平衡且丰年有余。自 1997 年以后，每年农产品实现净出口数十亿美元。总体看来，当前农业问题已基本上解决。但是农民问题和农村问题远没有解决。新形势下中国“三农”问题的主要方面和相互关系发生了重大变化，农民问题已经成为“三农”问题之首。

农民问题的实质是什么？许多人认为是收入问题。然而应清醒地看到，困扰 8 亿农民的不仅仅是收入低，更根本的是相对城市居民而言在教育、医疗卫生、社会保障等方面所能享受的公共产品不足乃至严重匮乏，在就业和社会生活的诸多方面遭受歧视、排斥等。城乡之间的差距也不仅表现在收入和财产差距上，还表现在就学、就医和就业的机会不同，以及政府公共财政支出的差异方面。教育、医疗卫生等公共资源的匮乏，严重影响了农民的生活质量，增加了农民的发展成本，降低了农民及后代改变生活现状的可能。可见，农民问题不能简单地归结为收入问题，而是以收入、就业、教育、健康等为核心内容的综合性问题，实质是农民在温饱问题基本解决之后，如何获得进一步发展的问题。

坚持农民问题优先解决，应是乡村振兴的核心理念。如何体现优先，当前必须放在“经济社会的大战略中”“城市与农村的大背景中”“农民与市民的大格局中”“一二三产业的大结构中”去考量。

一应优先强化基础设施建设。统筹城乡基础设施建设，推进城乡基本公共服务均等化。加大公共财政支持农村基础设施建设力度，推动基础设施建设重点向农村倾斜，引导金融和社会资金投向农村。重点要加大对欠账较多地区的交通、电力、饮水和信息等基础设施的投入力度。尤其对国家粮食主功能区和重要农特优产品产区的基础设施建设应集中力量彻底完善配套，确保区域功能的有效发挥。推动国家铁路网、国家高速公路网连接贫困地区的重大交通项目建设，提高国道省道路况标准，村村通工程应逐步向自然村和田间生产主干道延伸，构建乡村外通内联的交通运输通道。加强病险水库水闸除险加固、灌区续建配套与节水改造等水利项目建设。实施农村饮水安全巩固提升工程，全面解决贫困人口饮水安全问题。近些年，国家集中力量治理大江大河，成效突出，但中小农田水利设施年久失修，效用无法发挥。对于小型农田水利、“五小水利”工程等，国家应加大投资力度。加快推进贫困地区农网改造升级，全面提升农网供电能力和供电质量。完善电信普遍服务补偿机制，加快推进宽带网络覆盖所有乡村。实施电商扶贫工程。加快乡村物流配送体系建设，支持邮政、供销合作社等系统在乡村建立服务网点。加快农村危房改造和人居环境整治，以整村推进为平台，加快完善贫困村生产生活条件，扎实推进美丽宜居乡村建设。大力开发乡村旅游，帮助有条件的地方打造具有现代化水平的乡村景点。支持农业综合开发，充分发挥农业的食物保障功能、就业收入功能、原料供给功能、生态保育功能、休闲旅游功能、文化传承功能等多功能的综合效应，以延长产业链，拓展功能链，提升价值链，促进农民增收。改善生态环境，对乡村垃圾收集处理等公共卫生环境治理加大投资力度，为乡村振兴、农村小康社会建设创造条件。

二应优先发展乡村教育事业。实施乡村振兴战略最重要的是培养懂农业爱农民爱农村的干部队伍和现代化的职业农民，而要培养出这样两支人才队伍，首要问题在于发展农村教育。百年大计，教育为本，十年树木，百年树人。乡村教育与城市相比，本来就十分落后，既缺设备，又缺师资，但毕竟还基本保证一村一校，孩子还能就近有书读。自2001年全国推行教育体制改革以来，乡村教育大幅萎缩，撤点并校更使农村孩子面临新的上学难问题。全国乡村最多时有学校60多万所，目前59万多个行政村仅有20多万所学校，农村孩子不得不到城镇借读。义务教育有两个特点，一是就近，二是免费。撤点并校使孩子不能就近，虽然免费，但在城镇借读多花的钱比收费不知要高出多少倍。更令人担忧的是孩子远离乡土社会环境，他们看的、听的、身边感受的全是“逆乡土化”教育，以后让他们再回乡振兴乡村恐怕是难上加难。应大力恢复乡村学校，保障单程半小时就读的办学标准。福建永泰县78所农村学校，其中19所只有一个学生，但县里多年坚持一个学生也不撤并的方针，保障孩子的受教育权，对此应予提倡推广。

三应优先发展农村居民基本医疗保险、基本养老保险。智力是农民发展的关键，而体力是农民发展的基础，没有健康强壮的体魄，发展便无从谈起，不少贫困地区因病致贫者高达50%～60%甚至更高，可见强健的体魄对于保障农民的发展是多么重要。当前农民的医疗服务消费行为基本表现为“小病不出村，大病到县及县以上医院”，有关资料显示，近60%的门诊服务是由村卫生室或私人诊所提供的，仅1/4左右是由乡卫生院提供的。由于政府投入不足，农村公共卫生服务体系通过“有偿服务”进行“创收”仍然存在，导致本应无偿提供的一些公共卫生项目变成了有偿服务，影响了预防保健措施的落实。要尽快改革基本医疗卫生制度，提高全民健康水平。借鉴安徽等一些地方农村医疗卫生体制改革做法，以县为单位，建立域外医联体、域内医共体的新体制机制，解决农民看病难看病贵的老问题。加快构建农村社会养老服务体系，加强农村最低生活保障规范管理，继续提高新型农村合作医疗筹资标准和保障水平，完善重大疾病保险和救治制度。针对农民工群体，要强力推进农业转移人口参加城镇居民医疗保险和城镇居民养老保险；要完善城乡社会保障衔接机制，将农业转移人口在农村参加的养老保险和医疗保险规范接入城镇社会保障体系，完善并整合城乡居民基本医疗保险制度，加快实施统一的城乡医疗救助制度；要提高统筹层次，实现基础养老金全国统筹，加快实施统一的城乡居民基本养老保险制度，全面落实城镇职工基本养老保险关系转移接续政策。

四应优先解决农村缺资金的问题。搞活农村金融是乡村振兴的重要前提，“金钱不是万能的，但没有金钱是万万不能的”是一句老话，它揭示的却是一个普遍真理。20 多年以来，我国农业贷款只占全国贷款总额的 5%左右，而印度一直高达 20%以上，致使其三次农业革命取得辉煌成就，由不足温饱一跃成为重要的农产品出口国。2006 年，我国银监会出台发展村镇银行的新政，2016 年已发展到 1 500 多家，同时发展了上千家农村商业银行、上百家农村合作银行和众多的农村资金互助社，这些对于缓解农村资金短缺起到一定作用，但农民贷款难的问题仍然困扰着农民的发展。“农民贷款难”的一个重要原因是提供涉农贷款的金融主体偏少，除了政策性银行的支持，更需要民间金融的充分活跃。应继续放宽民间金融政策，大力发展民间金融，尤其是民间本土金融。要积极探索实施涉农信贷投放与监管评级、市场准入的“双挂钩”政策。督促金融机构不断完善“三农”金融服务机制，提高对分支机构“三农”业务考核的分值权重。结合涉农贷款季节性特点，对涉农贷款占比较高的县域法人金融机构实施弹性存贷比要求。要采取政策性措施，引导自认为“白领”的金融业基层从业人员，放下身段，深入村户，深耕农村金融这片“蓝海”，变银行与农户“互输”为“双赢”。在满足农村资金需求方面，还必须发挥政府投资主导作用，中央基建投资要继续向“三农”倾斜，优先保证农村基础设施建设投资稳定增长。加强资金和项目管理，整合统筹使用涉农资金，强化农业农村资金投入力度。

五应优先注入现代元素。农业是弱质产业，农村是弱化地区，农民是弱势群体。为何会出现“三农”“三弱”现象，说起来问题很复杂，如果化繁为简，实质上就是缺乏现代元素的注入，如现代理念、现代技术、现代管理、现代设施、现代金融、现代人才等。如果像工业、像城市一样不失时机地注入这些现代元素，农业现代化这条腿就不会再短，“三农”领域就不会弱化。党中央提出实施乡村振兴战略，要求优先发展农业农村，实质上就是优先注入各种现代元素，让乡村跟上时代步伐，把农业这条短腿加长，使农民发展权优先保障。中国有 2.3 亿承包土地的农户，美国有 230 万个农业经营主体，英国有 23 万个经营主体，也就是说，我国经济主体数量是美国的 100 倍，英国的 1 000 倍，要把现代元素注入这样一个庞大群体，其难度可想而知，这是中国农业现代化最难解决的大问题。探索如何实现小农户与现代化的对接将是今后一个相当长的历史阶段面临的重大课题，这里有两大关键点必须抓好，一是提高农民组织化程度，二是构建社会化服务体系，这是解决中国特殊国情下小农户与现代化衔接的必由之路、不二选择。

六应优先开辟农民就业创业空间。实现生活富裕，小农户必须兼业，这是中国国情决定的。人多地少，一个月种田、三个月过年、八个月空闲的农业生产模式，显然不能满足农村劳动力实现充分就业的需要，更无法获得较高的收入回报。在不离土不离乡的第一就业空间和离土又离乡的第二就业空间之外，着力开辟扩大农民第三就业空间，即发展以农产品加工业为主的乡村第二产业和为农业服务的服务业、乡村旅游业等乡村第三产业，可克服第一、二产业就业空间的不足，让农民能够就地就近利用空闲时间实现充分就业、收入提高、生活富裕。应通过产业扩张，引导和支持劳动密集型产业、农产品加工业在环保达标的情况下向中心镇集聚，向乡村延伸，促进富余劳动力就地就近转移就业，使得劳动力在区域之间合理流动和分布。应建立完善农村劳动力就业创业服务体系，加大对农村灵活就业、新就业形态的支持。加快形成政府推动、企业主导、行业配合、学校参与、社会支持、个人努力的职业培训工作新格局。顺应乡村产业优化升级趋势，围绕市场和企业需求，整合培训资源，创新培训机制，着力提高农村劳动力职业技能和就业能力。

人的全面自由发展，是马克思主义的最高命题和根本价值，也是中国特色社会主义建设的价值目标和现实行动。旨在改善亿万农民生存和发展状况、共享现代化发展成果是乡村振兴的根本。如果农民得不到发展，现代农民“古代化”，即使修了路、建了房，新农村迟早还会变为旧农村；即使脱了贫，还会再返贫。近现代长达百年的乡村建设经验与教训说明，如果没有对农民发展权利的尊重和发展能力的培养，仅靠直接的物质投入，并不能使贫穷消亡、落后除根，更难以使农民走上自信、自立和自我组织的发展道路。只有农民自身发展了，他们才会有信心去应对工业化、城市化、市场化乃至全球化的发展环境，乡村振兴才有可持续性的基础。没有8亿农民由传统向现代的历史性转变，没有为实现这一历史性转变而对农民的人力资源投资，中国的现代化就很难“化”得起来，也很难可持续发展。因此，乡村振兴必须克服重物不重人、重业不重人、重事不重人的老传统，树立目中有人、心中有人、以人为本的新理念，一切工作都应该以促进农民的发展为中心，以提高农民发展能力、创造农民发展条件、完善农民发展保障为目标。

农具的智能演进与农民的社会地位

工人从事工业生产使用的器具叫“工具”，农民从事农业生产使用的器具叫“农具”。传统观念里，使用工具的人比使用农具的人显得高贵。说起农具，上了年纪的人头脑里很快会跳出镰刀、锄头、耧、犁、耙，铁锹、木锨、太平车，而年轻人的头脑里很快会跳出拖拉机、播种机、收割机、插秧机。但是，对于“智能农具”可能还没有多少人想过。就农业的动力而言，如果说刀耕火种的“人动时代”是农业 1.0 版、驯化牛马驴骡的“畜动时代”是农业的 2.0 版、机械化自动化的“机动时代”是农业的 3.0 版，那么“AI”横空出世的“智动时代”就是农业的 4.0 版。人类社会已经进入一个跨界、迭代、互渗、融合的边界模糊时代，“智动”时代的智能“器具”是“工具”还是“农具”已经很难辨识。“农具”的思维突破正历史性地扭转乾坤。农业将不再是一个落后的行业，农民将不再是一个落后于时代发展的族群。

美国每年有市值 40 亿美元的苹果需要采摘，于是苹果采摘机就问世了，它的准确率与人没有一点区别，但速度却能抵上数十人，轻摘轻放，拿捏分寸的水平一点不比人差。2016 年世界上第一台草莓采摘机的诞生更令人拍案叫绝，成熟度高的草莓人工采摘都要特别小心，但机器却精细过人，专拣成熟度达 70%以上的果子摘，一点不会损坏、抓伤，速度比人快几倍。还有一种装有手爪的智能农具，可以把大堆的如胡萝卜、葡萄、樱桃等各种形体的农产品抓取搬运分装，这种能处理有长有短、有大有小、有软有硬、有粗有细近乎脑筋急转弯的高难度智能

---

* 本文撰写于 2018 年。

农具，已近乎神话。中国快递业人工智能分拣邮件已经被称为奇迹，但与这种装有手爪的智能农具分拣水平相比还大有逊色。美国劳工统计局调查，美国每年受雇分拣农产品的劳动力为5.3万人，由此产生的劳动力成本为13亿美元，智能农具不仅能大大提高效率，降低成本，还彻底解放了劳动力。

无人机这种新农具的用途已经渗透到喷药、施肥、病虫监测、田间管理等领域，一台无人机十分钟可喷洒15亩*，一天可喷洒200多亩，是人工的十数倍，不仅高效且省药、精准、不误农时。高光谱摄影无人机通过从红外线及可见光谱中收集数据，实拍的扫描图的精细程度能辨别连肉眼都看不见的虫害、真菌感染等病变植株，这对于及时提供病虫测报信息无疑是人工无法企及的。无人机在田间管理上的应用更是绝妙，谁偷懒，水果套袋没做好，谁技能欠缺，果树剪枝没到位，它会立即拍照传到责任人手机上，让你重来。

还有一种智能农具可以根据家畜家禽的活动状况、声音变化识别家畜家禽是否生病。如奶牛跛足就会使乳汁流失、生育下降等，再加上治疗成本，一头跛足牛将增加175美元成本，典型调查显示，牛场跛足奶牛发生率平均高达23.5%，全世界2.5亿头奶牛每年因此损失高达110亿美元，如果采取AI识别技术，这些可以及早预防、治疗，从而降低成本。

在发达国家，科学家正在帮助农民根据各类家庭农场的不同需求，制定使用智能农具从事耕地、播种、插秧、施肥、防虫、治病、灌溉、洒药、收割、分拣、包装、仓储等一整套全产业链的最佳方案，智能农场、智能牧场、智能果园、智能渔场、智能农产品加工车间、智能农产品绿色供应链，“智能农具”的效用有着广阔的发挥天地。日本久保田已经宣布为应对日本农业老龄化现实，到2020年推出“一键完全自动”的农业“傻瓜机械”，像已经过时的“傻瓜相机”那样实现“傻瓜种田”。

---

* 1亩=1/15公顷。

有关资料显示，改革开放以来的40年里，全国各省状元中无一报考学农的。“锄禾日当午，汗滴禾下土”“面朝黄土背朝天”“一粒粮、一滴汗”，这种“务农苦、地位低”的普遍社会心态可能是才子离农、弃农、厌农的关键因素。当人机围棋大战，阿尔法狗那声划时代的“狗叫”结束人类主宰世界的美梦之时，农具的演进是到了该让我们清醒的时候了，4.0版的农具你会用吗？使用4.0版的农具比使用4.0版工具的人低人一等吗？拥有4.0版的农具还土得掉渣吗？农具的变迁使农民正结束繁重艰苦的体力劳作，从事农业将与从事二产、三产一样受人尊重的时代已经到来！

对于农民而言，拖拉机、收割机是农具，采摘机、分拣机是农具，而手机、电脑、无人机同样是农具。一部手机可以预知天气，可以咨询农技，可以购买农资，也可以出售农产品，还可以遥控大田灌溉，遥控大棚温室等。AI时代的冲击具有三性：一是急剧性，不是日新月异，而是秒新分异；二是颠覆性，移动支付对银行是颠覆，刷脸对门卫是颠覆，网约车对出租汽车是颠覆；三是不可知性，谁都无法预测AI会怎样发展。这毫无疑问将对智能农具产生不可预知的影响，它将继续而深刻地改变着农民的身份、农民的地位、农民的价值。在发达国家农民持证从业已成常态，农民不是谁都可以当的，中国农民的从业资格认证也只是时间问题。推进农具智能化，培育现代农民，打造智慧农业，实现乡村“智治”，应是乡村振兴的重头戏。

脱贫攻坚需要强化四个关注

脱贫攻坚是一项前无古人的事业，无章可循，无例可依，新情况、新特征不断出现，新矛盾、新问题经常发生。近期，我们赴内蒙古、山东、山西、安徽、贵州等省区调研，综合各地情况，我们认为，当前脱贫攻坚需要重点强化四个关注。

强化对基层扶贫干部的关注

目前基层扶贫干部反映工作压力巨大，用他们的话说，工作时间是“五加二”（五天工作日加两个双休日）、“白加黑”（不分白天黑夜）、“梦加醒”（梦中在扶贫，醒来还在想扶贫）、“夜总会”（白天没空，总是夜里开会）。即便“三加一会”地拼命工作，保不准被各种考核检查随时否定，多数基层扶贫干部如履薄冰、谨小慎微。脱贫攻坚，任务艰巨，时间紧迫，有压力才能如期实现目标。但在层层传导压力的同时，要正确处理压力传导、工作指导和激励引导之间的关系，给压力，更要给能力、给动力。

“给能力”就是要提升基层扶贫干部的政策水平。目前，基层扶贫干部大都存在能力不足问题，许多帮扶干部在机关从事一项专业工作，对扶贫政策一无所知，对基层工作更是一片茫然，突然被抽派到农村从事扶贫，深感无所适从，一头雾水。如同把刚刚入伍的战士一下子拉到火线真刀真枪地打硬仗，势必晕头转向，不知如何应对。再加上许多考

* 本文撰写于 2018 年。

核检查在制度设计上与现实脱节，比如，贫困户调查表中的“工资性收入”“转移性收入”“经营性收入”“财产性收入”“恩格尔系数”等用语都是经济学博士的术语，基层扶贫干部和贫困户难以理解和掌握，为政策的落实带来阻碍。因此，为了提升基层扶贫干部的政策水平，应当加强对基层扶贫干部的培训，让他们更好地掌握扶贫政策，同时在扶贫政策顶层设计时要尽量接地气。

“给动力”就是要建立和完善对基层扶贫干部的激励机制。工作苦、任务急、压力大，他们知难而进，但面对一干几年不动的现实，心里又觉得憋屈。目前，基层扶贫干部普遍存在动力不足的问题。应借鉴内蒙古兴安盟下辖的乌兰浩特市的做法，在过去三年的时间里，全市提拔的干部，45%来自扶贫一线，只要扶贫工作做得足够好，就有机会获得晋升。建立和完善对基层扶贫干部的激励机制，关键在于给政治前途，这是扶贫干部的第一动力，让“出力者出彩，吃苦者吃香，有为者有位，流血者流芳”成为建立激励机制的政策目标。

强化对把“盆景”变成“风景”的关注

改革开放以来，各项成功的范例和经验都是来自基层创造，而不是谁坐在办公室里凭空想象出来的。因此，深化改革需要我们不断去发现、总结、提炼、认可然后推广基层的创造，这方面在扶贫工作中还体现得远远不够。很多基层有价值的创造，还没有被发现和被认可，更谈不上推广。应当强化对基层创造的关注，把散落在各地精心培育、值得推广的“盆景”变成遍地开花的“风景”。

如山东德州市的公益岗位互助扶贫。“公益岗位互助扶贫”是指由政府出钱，通过设置互助养老、互助托幼、互助照料病患、互助助残等农村公益扶贫岗位，安置有就业意愿和劳动能力的贫困人口，满足农村失能老人、病人、残疾人以及留守儿童等特困群体在家庭服务方面的特殊需求。该模式让贫困户帮特困户，通过“以贫服贫”，达到双赢效果，贫困户通过劳动收入实现脱贫，特困群体的特殊需求也得到了帮扶。既是贫困人群脱贫的新模式，也是特困群体解困的新模式。调查显示，目前德州市贫困户中有85%处于失能、半失能状态，全国大约6 000万低保人口中约40%处于失能、半失能状态，这是一个无论贫富地区全国都普遍存在的现象。脱贫攻坚，坚中之坚，除了局部地区的深度贫困，就是整体面上特困群体的特殊需求，公益岗位互助扶贫恰好能够满足该需求，有必要在全国广泛推行。

又如安徽亳州市的农村失能群体集中供养。由政府出钱，利用各乡镇敬老院、卫生院现有的食堂、病房、医护等资源，聘请护工，为失能老人提供优质的集中供养服务。该模式解决了农村失能老人供养中存在的生活照料难、医疗康复难等问题，通过集中供养，让老人生命的最后阶段，提高质量，过得有尊严。人在面临出生和死亡两大关头是否在医院度过，是衡量社会文明程度的重要标志，应成为政府的政策目标。

再如内蒙古兴安盟的菜单式产业扶贫。“菜单式产业扶贫”是指由政府根据自身的条件开列出数十项可供贫困户选择的产业扶贫清单，贫困户再根据自身能力条件自主选择需要发展的项目。目前各地产业扶贫遇到的最大问题就是政府集中决策，一哄而上，造成千家万户同质化，导致诸如马铃薯成灾、苹果成灾、猕猴桃成灾等现象，产业项目同质化带来的必然是低价竞争、增产不增收的局面，结果极易掉入“领导推进力度越大，农民受害越深”的“王夫之定律”。菜单式扶贫尊重贫困户的自主选择，分散决策在很大程度上则降低了产业同质所面临的市场风险，降低贫困户脱贫后的返贫风险，有助于提升扶贫的质量。

强化对脱贫攻坚与乡村振兴两大战略融合的关注

脱贫攻坚与乡村振兴两大战略的相继提出，是党中央着眼于全面建成小康社会、全面建设社会主义现代化强国、实现两个百年目标作出的重大战略部署，旨在解决三个消除，即消除贫困、消除城乡差距、消除社会偏见。所谓消除社会偏见，长期以来，城乡二元制度形成的惯性思维已经成为定势，如果社会偏见不消除，还是重城轻乡，或者有城无乡，那么我们的政策设计、资源配置还会走偏，乡村振兴就无从谈起。“三个消除”相辅相成，互为因果，是解决农村问题的根本，也是实现“两个百年目标”的保障。

脱贫攻坚具有突击性，乡村振兴具有渐进性。如何实现两大战略的融合，应针对乡村振兴战略中的五项任务做好文章。①产业兴旺不仅仅是一产的兴旺，而是三产融合发展，共同兴旺。目前脱贫攻坚中的产业扶贫，多集中在农业，应该向农产品加工业、农业服务业拓展延伸，这样产业才能真正兴旺起来。②生态宜居就是要保护好生态环境。一些地方为了温饱不顾环保的行为应予纠正，不讲资源承载能力，盲目挖地取煤、劈山开矿、围湖造田，生态环境严重恶化，是不可能宜居的，既影响脱贫攻坚的质量，也影响乡村振兴的进程。③乡风文明就是农村在解决温饱问题之后要注重解决精神文明问题，所谓“衣食足而知荣辱”。目前，乡土社会面临着社会生活异质、社会价值多元、社会行为失范等的冲击，在脱贫攻坚“扶志、扶智”的基础上，乡村振兴要更加突出“扶制”，即更加注重制度建设，以社会主义核心价值观做引领，与时俱进，构建适应时代需要的乡规民约。④治理有效就是政令畅通，民心相通，农村社会充满活力、和谐有序。五级书记抓脱贫攻坚在农村力度最大、最有成效，使农村出现前所未有的新局面，应将这一举措总结提炼、推广运用到乡村振兴当中。⑤生活富裕重点需要解决三个问题：一是体力问题，即要以农村医疗卫生体制改革为核心，保障广大农民群众有一个强健的体魄。二是智力问题，即要优先发展农村教育事业。目前乡村教育存在逆乡土化的问题，所谓“世界观”就是“观世界”而形成的，小孩子都去城里读书，听到、看到、亲身感受到的都是高大上的城市文化，“由俭入奢易，由奢入俭难”，将来他们很难再回到乡村去参与振兴乡村。逆乡土化的教育是中国未来乡村振兴最令人担忧的大事。三是增收问题，关键在于拓展第三就业空间。第一就业空间是指传统农业，不离土不离乡，第二就业空间是指进城打工，离土又离乡，第三就业空间是指拓展农业的多功能性、发展二三产业，让农民离土不离乡，就地就近就业创业。

强化对三个失衡的关注

脱贫攻坚正面临三个失衡，即贫困户与边缘贫困户的失衡、贫困村与边缘贫困村的失衡、贫困县与边缘贫困县的失衡。所谓“边缘贫困”，是指位于贫困线以上或基本持平，但整体仍处于欠发达、群众生产生活仍存在较多困难的状况。通过近几年的脱贫攻坚，重点帮扶的贫困县、贫困村、贫困户面貌大变，而边缘贫困县、边缘贫困村、边缘贫困户受到的关注、支持和优惠政策相对较少，与原来条件相近的周边被帮扶过的对象比较，反差过大。三大失衡问题正在逐步显现，一些地方出现了“贫困村吃撑了，非贫困村却饿得不得了”“农民争当贫困户”“贫困有面子、懒汉常有理”“嫁人要嫁贫困户”等现象。

三大失衡持续存在，容易导致社会矛盾扩大。边缘贫困不如贫困的新问题发生，造成了新的发展不平衡和边缘贫困群体的不公平感，不利于区域整体脱贫，需要特别警惕。当务之急应是尽快设法减弱贫困和边缘贫困之间产生的“悬崖效应”，防止社会矛盾扩大，应及时调整政策导向，由“特惠”政策转向“特惠”政策和“普惠”政策相结合。这一战略性调整应在实施乡村振兴具体举措中予以重点谋划。目前对于一家一户的扶贫政策已经很完备，脱贫攻坚不应再出台面向建档立卡贫困户的新的优惠政策，主攻重点应放在扶持区域整体性发展上。

“诗意栖居”与“四生”契合

党的十九大报告把“生态宜居”摆在乡村振兴战略五大目标任务的第二位，足见生态宜居在乡村振兴中的重要程度。生态宜居就广义而言，应包括环境优美度、生活便利度、社会文明度、资源承载度、公共安全度、市场发育度、居民幸福度等，它应是文明的经济生态、政治生态、社会生态、文化生态和自然生态五位一体相融合、相统一的理想生活环境。要建设这样一个乡村环境，关键在于生产、生活、生态和生意的“四生”相互契合、彼此照应、互为支撑、互为因果。

首先是生产与生活的契合。生态宜居不能以看一眼就走的外地人、城里人的视角审视，它首先应是本土居民的宜居。而本土居民生于斯长于斯，未来发展依赖于斯，农业生产是他们的主业。新的居民点建设首先应考虑有利于居民从事农业生产。我国是一个小农户为主体的国度，这种国情还将长期存在。改革开放四十年来，我们积极推进土地流转，但至今仍有70%的农户依然耕种着自己的土地，没有参与任何形式的流转。如果新规划的居民点离生产场所过远，农民种田要跑十几里、甚至几十里，即使设施再现代，生活条件再好，生产与生活严重脱节，农民也不会满意，每天需要开车去种地，收获的产品还不够油钱。前些年，一些地方掀起的“灭村运动”风潮，东部某省一个县级市把一千多个村整合成208个新社区，带来的就是这样一种后果。同时，一些地方居民点建设不是按小桥流水人家的农家格局，而是像城市一样盖上高楼，赶农民上楼，农民对此也比较反感。农民不像城里人夹个皮包就上

---

* 本文撰写于2018年。

班，农民需要有存放农具的地方；农民也不像城里人瓜果蔬菜随时到超市采买，农民需要利用闲散时间在房前屋后种些瓜果蔬菜以自用，如果住在高楼上，他们的这一需求便被扼杀。当然也可在居民点办个超市让农民去买菜，这样一是不符合农民习惯，二是浪费了农民的闲散时间，三是加大了生活成本，四是在石油农业泛滥的背景下，农民不放心安全问题，在西方发达国家普遍流行的最佳生活方式是吃的东西必须是自己种养的。

其次是生产、生活与生态的契合。遵循生态化规律、按照生态学原理，贯彻绿色化发展的新理念是造福子孙后代、实现可持续发展的基础。生产绿色化应做到：一是坚决杜绝为了温饱不顾环保的乱象发生。在一些地方劈山开矿、围湖造田、挖地采煤造成环境严重恶化教训惨痛。杜甫有名句“国破山河在”，今天我们决不能让“国在山河破”。有些自然景观是上亿年形成的，破坏了就再也不能恢复。二是坚决落实农业农村部提出的减肥增绿计划。到2017年底，我国已经实现农药的负增长、化肥零增长，但这距离绿色化还相去甚远。美国的生物肥已占总用肥量的50%以上，我国仅10%左右。不光减少农药化肥造成的面源污染任重道远，而且除草剂、农地膜污染之严重已到了非治不可的地步。三是变植物动物的“二物思维”为植物动物微生物的“三物思维”。就农业生态循环的大系统而言，植物是生产者，动物包括人类是消费者，微生物是分解还原者，它把植物动物的残渣废料包括人畜粪便分解还原作为植物的肥料进行下一轮生产。微生物在农业领域的开发利用应摆在各级领导的重要议事日程，这是贯彻落实中央推进农业供给侧结构性改革的基础性举措。没有“三物思维”便没有生态农业、循环农业、有机农业、绿色农业。生活的绿色化，就是要提倡低碳生活方式，从村户环境卫生抓起，让居民养成良好的卫生习惯，养成保护环境的自觉意识，树立“绿水青山就是金山银山”的发展理念，让居住在那片土地上的每个人时时、事事、处处都能身体力行，自觉践行。

再者就是生产、生活、生态与生意的契合。所谓生意就是通俗说法的做买卖，市场开发。一个宜居之所不应只是生产生活生态的契合，还应做活生意，做好繁荣的市场开发。市场不活跃，在高度发达的交通通讯时代，缺乏便利的生产生活条件，就谈不上宜居。应充分利用互联网打通线上线下的物流通道，把生产的好产品卖出去，卖个好价钱，把旅游景点推介出去，把游客吸引来。

德国哲学家海德格尔把人类最高境界的生活环境概括为“诗意的栖居”。一个能够点燃激情，触发灵感，让人诗兴大发的地方，当然最宜人居。“晴空一鹤排云上，便引诗情到碧霄”，只有“四生”契合之处，才是“诗意栖居”之所。

乡村社会现代性四重奏

乡村振兴关键在人，缺少具有现代意识、现代思维、现代理念的人，乡村振兴便无从谈起。现代社会人的能力建设分为三个层面：一是基础能力，即每个人生活必备的基本技能。如使用电脑、驾驶汽车等。二是思维能力，思维能力的强弱是超越别人的决定因素。三是品质能力，这是金字塔的塔尖，是最高境界的能力，一个人一旦有了提升自己品质的能力，就达到了做人的最高境界。乡村振兴的实质就是使乡村具有像城市、像工业一样的现代性，而社会主体的现代性是乡村社会现代性的基础、核心和关键。要塑造社会主体的现代性，实现乡村社会的现代性，根本举措在于谱好四部曲，演好四重奏。

一是启智。开启民智应是乡村振兴的重中之重、基中之基。虽然近百年前晏阳初评价中国农民“贫弱私愚”四大特征今天已经发生了翻天覆地的变化，但在面对具有急剧性、颠覆性和不可知性的 AI 时代，智之不足更加凸显。智之开启，源于教育，乡村教育的萎缩、退化、衰落已是不争的事实。处在接受义务教育阶段的乡村孩子多达上亿，他们分为三个群体：一是留守儿童，多年的撤点并校，使乡村学校由 60 多万所减少到 20 多万所，他们面临新的上学难。二是流动儿童，他们随父母打工地流转迁徙，小学没毕业就换了几个学校，没有一张安稳的书桌。三是流浪儿童，他们谈不上接受学校教育。今天城市教育的现代化程度已经十分惊人，西部某省会城市投资 180 多亿元建一所高职院校，香港科技大学校长看后感叹，设施比他们还强。而形成鲜明对比的是乡

* 本文撰写于 2018 年。

村教育的反差，从山西平顺县三岔口小学教师许生学写的自嘲诗中可见一斑：一身旧衣服，两袖粉笔灰，三餐吃土豆，四季常皱眉。五更摸黑起，六节谁替谁。七天一星期，八方游几回。九天最难熬，拾柴心中悲。好在国家对此已高度重视，大力推进城乡教育均等化，明确要求让乡村孩子上学单程不超过半小时路程。乡村振兴是需要几代人努力奋斗的事业，愿这一开启民智的良策善举早日落地，为乡村振兴打牢人才基础。

二是励志。脱贫即满，小富即安，贫困户躺在低保上，小康户躺在现状上。“杀马特”大多是从乡村走出来的小青年，虽然不是“佛系”，没有“油腻”，但“飘一代的轻生活”在一些乡村青年中比较流行。日本社会学家三浦展曾描写日本社会正在“流化”，庞大的中流阶层已缺少进取心，相当一部分已迅速向只求生活最低保障的下流阶层坠落，心甘情愿地把自己归入“下流社会”行列，对于那些锐意进取、奋力拼搏者，认为“非我族类”。这种现象在中国乡村社会也已抬头。中国人历来崇尚司马迁“究天人之际、通古今之变、成一家之言”的宏伟志向，张载“为天地立心，为生民立命，为往圣继绝学，为万世开太平”的宏大愿景。当然这是名人大家的追求，但小人物也不能没有理想，每个社会成员都不应放弃梦想、自甘沉沦，这样的社会才能充满生机和活力。人类文化传承分为前喻文化、并喻文化和后喻文化，在进入后喻时代的今天，需要年轻一代走在前面。通过政策激励、心理疏导、舆论默化、典型引领、社会帮扶等措施激活自甘沉沦者的青春梦想，应是当下乡村振兴的题中之意。

三是建制。敬畏感缺失、羞耻感漠落、价值观混乱、潜规则流布是一些乡村的现实写照。中国近百年来，传统道德体系逐渐式微，而新的道德体系尚未真正建立，尤其改革开放以来，乡土社会主体流动性带来的乡土社会生活的异质性、社会空间的公共性、社会价值的多元性、社会行为的失范性，使传统乡里制度、乡规民约大都失去约束力，碎成一地鸡毛。充分发动乡村社会成员广泛参与，重建与时俱进的乡规民约、乡里制度，使社会行为得以规范，多元的社会价值得以社会主义核心价值观做引领，是乡村社会文化建设的当务之急，以制度文化他律，以道德文化自律，在自律与他律的双重作用下，重构社会秩序、重塑文明乡风是乡村振兴的软实力。

四是善治。十九大报告对乡村振兴提出的五大目标任务之一就是治理有效。只有实现善治，治理有效才能水到渠成。自从《道德经》首提“善治”以来，对善治的解释很多，概括起来，主要是指治理主体的多元合作，是政府、市场、社会三位一体的治理结构，是上下互动使公共利益最大化的管理过程，是国家与公民关系的最佳状态。乡村要振兴，善治最关键，当下的乡村社会治理应下大功夫调整治理结构，该给市场的给市场，该给社会的给社会，让政府、市场、社会各司其职，互相配合，彼此监督。那种政府包打天下的行为必须克服，让农民在乡村振兴中唱主角的意识必须确立。

生态文明视角下的城与乡

人类文明已经经历了上百万年的原始文明、上万年的农业文明和三百年的工业文明三个阶段，正在进入旨在解决工业文明弊端的第四文明阶段，即生态文明。就空间概念而言，生态文明的地理空间存在于城与乡两大板块，在生态文明背景下，城与乡的关系正在发生着巨大变化。

一是城市文明作为工业文明的伴生物正在被新的更高层级的生态文明所取代。所谓生态文明是指人类既获利于自然，又还利于自然，在改造自然的同时又保护自然，人与自然之间保持着和谐统一关系的一种新型文明形态，它是人类物质文明、精神文明和制度文明的总和。1866年德国科学家海克尔首提“生态”一词，1984年莫斯科大学学报《科学共产主义》首提生态文明概念，1987年我国生态学家叶谦吉首次定义生态文明，2007年党的十七大把生态文明首次写入文献，2012年党的十八大把生态文明建设摆上与经济建设、政治建设、社会建设、文化建设五位一体的重要位置。早在1972年联合国就通过了《人类环境宣言》，1983年联合国又成立了世界环境与发展委员会，可见生态文明理念早已被人类社会广泛认可。建设生态文明，从地理空间上看，在中国960多万平方公里的土地上，城市占地仅5万多平方公里，保护绿水青山，擦亮白云蓝天，重头戏、主战场无疑在幅员广阔的乡村。但生态文明逆生于生态的不文明，生态不文明的源头在城市、在工业，是城市、是工业在推进人类文明进程的同时，也制造着与人为敌的反生态文明，使得不少乡村环境恶化到危及人的生存。生态文明的建设重点在乡村，

* 本文撰写于2018年。

难点却在城市、在工业。城与乡在生态治理上是源与流的关系，不堵住源头，则“绿水青山枉自多”！

二是城市功能正在被高度发达的交通、通讯及互联网分流。从城市发展看，城市功能在农业文明时代重在军事、政治，工业文明时代重在制造、贸易，近年来交通通讯的便捷和互联网及人工智能的问世，逐步使城市的制造、贸易功能弱化，阿里、京东、拼多多的崛起显示网上交易已成主流。截至2017年底，我国网民规模已达7.72亿人，互联网普及率已达55.8%，社会结构因此由垂直型向扁平化发展，城市的生产制造和商业贸易功能正逐步向乡村扩散。一旦3D打印和汽车无人驾驶普及，可以预见，一些无污染制造业和商品贸易在乡村将呈井喷式增长。

三是城市疾病正在被“小桥、流水、人家”的乡村疏解。生态文明是化解工业文明带来的城市种种疾病的良方，逆城市化已成为发达国家的潮流，德国已有超过40%的人工作在城市，生活在乡村。乡村因其亲近自然、环境优美、人居和谐，成了被现代城市病缠绕的城里人寻求心灵栖居的疗伤地。过去的穷乡僻壤，成了今天的世外桃源，过去的谈土色变之地，成了今天的心灵慰藉之所。尤其在物质需求已不再呈刚性增长、老龄化社会加速到来的背景下，都市人争逐“心灵原乡梦”日渐浓烈。焦灼、复杂、忙碌、快节奏的现代病，只有在安宁、平静、简单、慢生活的乡村才能得以消解。

四是城市边界正在被新的发展理念模糊。那种画地为牢、边界清晰、不可逾越的城乡地理分界和户籍分野正受到挑战。建筑组团与田园组团交叉展开布局，是与生态文明建设高度契合的城市化发展新理念。城市越大集聚力越强，但受人类管理能力的制约，并非越大越好，更何况大城市使后代人远离自然，不了解自然界生命的规律。实现城乡空间融合、功能融合应是化解这一矛盾的关键。日本为此在城市建了几千家市民农园，让城市孩子随时了解动植物生命过程。这是一个事关人类生存发展的哲学命题。只有认识规律才能把握规律，少做违背规律的荒唐事。我国长期实行的二元户籍制度也正在被打破，虚拟的城乡边界也将逐渐消失。城与乡无论在地理空间还是管理空间上都正走向融合。

五是城市思维正在被城乡共荣的新型空间生态所颠覆。所谓城市思维就是长期形成的“悠悠万事，唯城独大”思维，传统观念里，城市是中心、是主体、是主角，是先进生产力的代表，“三农”只能仰视、只能奉献。战争年代，农村包围城市；建设年代，农业支援工业；改革年代，农民服务市民。我国已经结束以农养政，进入以工养政、以商养政的时代，党的十六大首提要统筹城乡发展，之后又提出协调发展、一体化发展、融合发展，十九大报告更进一步提出要优先发展农业农村，这是一次前所未有的颠覆。过去那种城市优先的思想观念、思维方式在生态文明阶段必须彻底改变，一切政策的出台、制度的供给、资源的配置都应以生态文明为标尺，这是城乡互动共存、互助共生、互补共荣的金光大道，也是乡村振兴的动力源泉。

在生态文明的语境下，城与乡没有高低贵贱之分，没有中心边缘之差，没有先进落后之别，也没有主角配角之异。二者就如同一对夫妻，各有分工、各负其责、各尽其能、融合发展，在“各美其美、美美与共”中实现和谐统一。

乡村振兴的本质是小农户的振兴

乡村振兴作为建设现代化强国，实现中华民族伟大复兴的重大战略已深入人心。对于如何振兴，研究文章可谓汗牛充栋，但为谁振兴，却少有论及，偶有篇什亦语焉不详。在各类经营主体大举进入乡村参与建设的背景下，弄清楚谁是最重要的利益主体，尤其关键。做大蛋糕是方法论、技术论问题，分好蛋糕则是认识论、价值论问题。“为了谁”的问题应是我们一切工作必须把准的核心目标。那种“富了老板、穷了老乡”的振兴绝不是我们的追求，当然各类参与者都应在参与过程中获益，这是参与动力，但小农户作为乡村社会群体最大、涉及最广、最基层的利益单元，理应是最重要的利益主体、价值主体。简言之，乡村振兴本质上就是小农户的振兴。

人多地少的资源约束、精耕细作的生产方式、城市化工业化的滞后发展，以及文化、制度、经济要素等诸多方面的影响，长期形成了中国以小农户为主体的乡村社会结构。目前参与耕地承包的农户高达 2.3 亿户，就农业的经营主体而言，美国是 230 万户，英国是 23 万户，我国恰是美国的 100 倍，英国的 1 000 倍。改革开放 40 年来，尽管我们采取各类措施，大力度地推进土地流转，但时至今日，只有 30%的农户参与了流转，且不少农户不是全部而是部分流转，仍有 70%的农户耕种着自己的承包地。随着城市就业压力增大，一些农民返乡或创业或重操旧业已屡见不鲜。小农户数量众多且长期存在是中国的基本国情。乡村要振兴，作为社会主体结构的小农户无疑是重中之重。没有小农户的振

---

* 本文撰写于 2018 年。

兴，便没有乡村的振兴。解决好小农户与现代化的衔接、与大市场的衔接、与产业链的衔接、与社会组织的衔接、与龙头企业的衔接以及与城镇化的衔接等诸多方面的突出矛盾，是乡村振兴在制度建设方面必须面对的课题、必须回答的问题。

十九大报告在党的历史上首次提出“小农户”问题，要落实好中央提出的“产业振兴、人才振兴、文化振兴、生态振兴、组织振兴”战略部署，紧紧围绕小农户做文章是关键。乡村产业的振兴，农民就业充分不充分是一个重要衡量标准，那种没有农民参与的产业振兴不是我们所要的振兴。一户七八亩承包地只有兼业才能增收的现实，需要我们为小农户广开就地就近从事二三产业的第三就业空间。在城市就业趋于饱和的背景下，只有乡村一二三产融合发展，农民足不出乡即可充分就业的产业振兴，才是真正的产业兴旺。乡村人才的振兴，需要培养两支队伍，一个是“一懂两爱”的干部队伍，另一个就是“一懂一爱”的农民队伍。而要懂农业爱农村只能是农村生农村长，从小在乡土环境中摸爬滚打、真正有乡土情结的农村走出去又走回来的青年。要把一个在城里生城里长的人培养成懂农业爱农村的新型农民，那可能难度比较大。

乡村文化振兴，应重点抓好家与乡两个层面：家训家风与乡规民约的建构。乡风文明的基础在于家风文明，家训是有言之教，家风是无言之教，良好的家教是乡村文化的基因，是乡风文明的基础。柴米油盐酱醋茶是物质需求，琴棋书画诗文花是精神需求，这些多以家户为传承单元。乡村生态振兴，生态环境的保护关键在村户，只有生于斯、长于斯，以本土为生存依托的人才会对生态环境保护真正做到有效监督，调动小农户的积极性比任何古今中外最严厉的惩戒措施都管用。乡村组织振兴，小农户不论与现代化、与产业链，还是与大市场衔接，都必须组织起来。否则，一盘散沙，任何衔接都难以实现。

“为了谁”的问题是核心问题。这个问题模糊，我们的制度供给很可能南辕北辙。只有明白需求方与供给方有着不一样的思维，我们的政策目标才能使二者统一。一位女士花大价钱买了一套香奈儿服装，穿了几次洗一下却掉色了，找客服询问，客服回答我们设计时就没有考虑过这个问题，一般买这种衣服穿几次就扔了。还有一位女士花几千元买了一双高档皮鞋，穿几天鞋子就坏了，怒找客服，客服悠悠地解释，我们设计的这鞋不是走路的，地摊上50元一双就可以走几百上千里。这与乡村发展中一些现象异曲同工，农户需要一个可放置简单农具、房前屋后种瓜种菜的小院，却让他搬上高层建筑。农户需要旱涝保收的农田水利设施，却把钱集中去建高科技农业园，结果大田仍旧怕旱涝，园区一直都亏损。在乡村振兴从理论到实践难以估量的方法论中，正应了赫拉利《今日简史》中的名言："你可能感受对了困境，但你可能关心错了问题。"我们由此延伸思维：你可能找对了方法，但你可能瞄错了对象。小农户是乡村社会最庞大的利益群体，是乡村振兴的主力、主体，也是最直接的受益者。在各类利益主体参与乡村建设的角逐中，小农户势单力薄，他们的积极性不能挫伤，他们的利益必须保障，这是乡村振兴的原动力，也是乡村振兴的出发点和落脚点，应成为我们一切政策设计的初心。小农户也是国与家、官与民、公与私实现最佳利益平衡的关键点，只有把握好这个关键点，探索出切实可行的平衡术，建立起公开公平公正的合理利益平衡机制，乡村振兴才得以顺利推进、可持续发展。

突破　创新　超越

——改革开放四十年回顾与瞻望

1978年召开的党的十一届三中全会开启了我国改革开放的历史征程。自此，960多万平方公里的土地上到处回荡着破冰冲浪的震响，我们党团结带领全国人民不懈奋斗，推动我国经济实力、科技实力、国防实力、综合国力进入世界前列，使我国国际地位实现前所未有的提升，党的面貌、国家的面貌、人民的面貌、军队的面貌、中华民族的面貌发生了前所未有的变化。站在四十年改革开放的历史时点上，回首来路，检视当下，瞻望未来，令人思绪万千，心潮澎湃。一个栉风沐雨、破冰融雪的四十年；一个开拓奋进、创新超越的四十年。

回首来路，走出四种发展关系的陷阱

所谓的四种发展关系即指人与人、人与物、人与自然、人与社会的关系。所谓这四种发展关系的陷阱，就是在发展过程中，走入误区，不正确地处理四种关系，陷入不能自拔的境地。改革开放四十年就是逐步冲破禁锢，不断开拓探索，跳出这四个陷阱的过程。

首先看人与人的关系。改革开放前我们以阶级斗争为纲，不谈发展。改革开放以来，我们逐步找到了以人为本、科学发展的正确道路，形成人与人之间互帮互助、和谐相处的主旋律，达成了以人为本的共识。人的积极性、主动性、创造性得以充分迸发，想干事、能干事、干

---

* 本文撰写于2018年。

成事的社会氛围基本形成。

其次看人与物的关系。改革开放前，人人以穷为荣，当时普遍存在的夸张现象是买了新衣服要打个补丁才好意思穿出来，不然穿得漂亮就会被认为是追求资产阶级生活方式，是大是大非的政治问题。改革开放以后，人们逐渐转变了观念，开始以合法致富为荣，清醒地认识到贫穷不是社会主义，社会主义也要追求物质财富，没有物质基础，一切都是空谈。改革开放40年来，城乡居民人均收入增长22.8倍，其中农村居民人均收入从1978年的134元增长到2017年的13 432元，名义收入增长上百倍。

第三看人与自然的关系。改革开放前，提倡人要发挥主观能动性改造自然，比如当年的人造梯田、围湖造田、开发草原种粮食等。一些违反生态规律的人为行动给大自然造成了一定的破坏。今天，我们已经在一个个惨痛教训中得出人与自然要和谐相处的结论，40年改革开放实践经验深刻说明：人类只是大自然中的一员，人只能认识自然、顺应规律，适度地开发和利用自然，这也正是我国传统文化里提倡的天人合一、道法自然等哲学观点的体现。在发展的过程中，长久地秉承、实践如此理念才能与自然和谐相处，违背规律是会受到惩罚的。目前，习总书记“绿水青山就是金山银山”的理念已经家喻户晓，妇孺皆知，绿色化发展，生态文明建设正在深入人心。

第四看人与社会的关系。过去，在农村只有一个组织，叫生产队，而在城里这一组织就是工作单位，除此之外不允许有其他社会组织，人与人之间想在政治关系之外建立其他社会关系，渠道几乎为零。今天，我们在纷繁复杂的市场变化和剧烈深刻的社会变革中，终于认识到要建立政府、市场、社会三位一体的治理格局。该市场的给市场，该社会的给社会，政府不可包打天下。社会组织是人与人之间合作的黏合剂，特别是在社会化分工越来越细、专业化分工越来越强的背景下，如果不搞好合作，个人单打独斗创造的价值在社会价值链中所占比重会越来越少。今天的社会组织发展越来越快，整个体系也越来越发达，而社会合作的深度与效率在合作组织的承托下也逐步得到加强和提高。比如农民专业合作社的发展就极大地促进了现代农业的发展。这些都是促进人与社会关系发展的经验结晶。

从以阶级斗争为纲到以人为本，从以穷为荣到合法致富光荣，从改造自然到道法自然，从没有结社到培育组织，40 年改革开放的历程，实质上就是逐步走出这四种发展关系陷阱的过程。

检视当下，“中国功夫”与多类疾患并存

40 年改革开放，各领域、各阶层、各行业、各地区的变化可谓翻天覆地，仅科技成果方面，我国练就了七大“中国功夫”，有些可称为独门绝技。这七大功夫可概括为路桥港、车洞网、核电厂。

路指的是高速铁路，全长 3 万多公里，为世界第一，高速公路全长 10 多万公里，也是世界第一，修路技术、建设水平也是名列世界前茅。中国是桥梁大国，目前我国公路桥梁数量已超过 80 万座，铁路桥梁总数已超过 20 万座，成为世界第一桥梁大国。且每年还以一万多座的速度在增加，建桥技术世界一流，已经创造出无数世界纪录，仅宜宾以下的长江干流上，长江大桥总量就达 135 座。桥梁已成为中国建造的亮丽名片。港是指港口吞吐量及现代化水平，我国水路货物运输量和港口吞吐量连续多年稳居世界第一，为我国经济社会和对外贸易发展提供了重要支撑。2017 年全国港口完成货物吞吐量 140.07 亿吨，比上年增长 6.1%，完成外贸货物吞吐量 40.93 亿吨，比上年增长 6.3%。车是指高铁列车，造车技术和列车数量都是世界第一。关于洞，我国的山洞地洞隧道挖掘与发展也是世界第一，挖洞水平、长度都是世界领先。我们在深钻领域，取得了一系列的突破。“蓝鲸一号”是世界上最大半潜式海上钻井平台，最大钻井深度可达到 15 240 米，世界第一。网是指互联网，我们的用户数量、普及率都是世界第一，互联网技术应用创新非常活跃，比如电商的繁荣发展、共享单车、网上支付的应用等。我国发

电技术领先，我国电力总体规模居世界第一位，电力技术在核电、大容量火电、高电压等级输变电等方面也均处于世界领先地位。国家电网已经走向了海外市场，特别是闯入发达国家市场，我们拥有的核电技术、核电设施、核电管理已成出口主打产品。

与成就相对应，在发展中我们也患上了一些中国疾病。

第一，中国制造业患的是“先天性‘芯’脏病”。有研究认为，我国在核心技术、关键技术上对外依存度高达 50%，高端产品开发 70% 的技术要靠引进，重要的零部件有 80%需要进口，一些关键的芯片甚至 100%依赖进口。在芯片核心技术上，我们是短板，例如：全球半导体市场规模 3 200 亿美元，其中 54%的芯片被出口到中国，而国产芯片市场份额只占 10%；中国每年耗费 2 000 多亿美元用于芯片进口，进口依赖度甚至超过石油；中国一年制造 11.8 亿部手机，3.5 亿台计算机，1.3 亿台彩电，均为世界第一，但内嵌其中的高端芯片专利费使我们沦为国际厂商的打工仔。除此之外，中国制造在大设备、大机器等很多核心技术上都还有欠缺。

第二，中国服务业患的是“残疾症”，功能不全，许多现代化功能跟不上。现代服务业发展滞后，在很大程度上与过去开放度低有关。比如，中国的金融和电信市场长期以来是具有完全垄断特征的市场，金融服务由国家银行垄断，电信服务由国家电信垄断。由此造成这些领域的服务质量差、经济效率低。总体来说，服务业表现为总体发展水平不高、结构不合理、区域发展不平衡、竞争力不强的态势。虽然 2017 年我国服务业增加值达到 427 032 亿元，占 GDP 的比重为 51.6%，超过第二产业 11.1 个百分点，成为我国第一大产业，但我国服务业总体发展水平仍然比较落后。以服务业增加值占 GDP 的比重来衡量，我国服务业不仅低于美国、英国等发达国家，也低于俄罗斯。我国服务业的结构层次也明显偏低，使得服务供需之间的结构性矛盾比较突出，比如：传统服务业比重过高，生产性、流通性服务业发展水平偏低，部分知识和技术高度密集的服务供给严重依赖进口，部分生活性服务业的发展还不适应居民高质量、多样化、便利化的需求。

第三，中国城市患的是“体制病”，与农村相比长期以来处于优先发展地位。城市优先发展首先依靠的是长期通过“剪刀差”从农村拿走价格极低的农产品、劳动力和土地。基础设施建设及公共服务也享有极大优势。此外，人才与资金等资源从农村向城市的单向流动又再次拉大农村与城市的发展差距。改革开放以来，工业对农业、城市对农村要素的虹吸效应加深，城乡要素“剪刀差”问题依旧比较严重。这些二元制度带来的体制病使城市发展产生了依赖惯性。很多城市还患了“奢华病”，争先恐后地炫富，跟风式、攀比性地兴建大广场、大学城、大剧院、大马路，建筑极尽奢华。许多城市还患有“功能病”，中国城市化在历史上有三次浪潮。第一次在春秋战国时期，城市的主要功能是为军事政治服务，第二次发生在宋代，主要功能是作为商贸中心发挥经济作用。改革开放以来是第三次城市化浪潮，这次的主要功能是创造便捷、丰富、舒适的生活环境。但是从实际情况看，交通拥堵、环境污染等种种弊端反而影响了城市生活的舒适度。

第四，中国农村由于长期营养不良，持续性大出血，患的是“综合性疑难杂症”。在计划经济体制的惯性作用下，城市户籍和农村户籍使城乡二元体制自 1958 年至今存在了整整 60 年，60 年间，城市和农村成为各自封闭的两大板块，生产要素的流动受到十分严格的限制。优先发展城市的宏观战略定位，使乡村没有喘息之机发展自身。有资料显示，计划经济时代，我国工业原值的 90%以上来自农业农村的积累，国家在极短的时间内建立起一整套完整的工业体系，靠的就是汲取农业的剩余，从而导致“三农”问题成为中国的头号问题。改革开放 40 年里，中央为“三农”问题整整发了 20 个 1 号文件，这么多的 1 号文件就是为了解决中国的“1 号问题”。随着改革开放和经济发展，城乡两大领域和市场逐渐加强互动，但问题依旧很多，比如农民社保与市民社保无法短期实现并轨，农村大量的资金、劳动力流向城市等等，诸多农业农民农村的利益被侵蚀。尽管国家反复倡导返乡创业、工商资本下乡，但事实上促进农村加速发展的资源与要素依旧非常匮乏，农民收入低、农村人才少、农业投资回报率低等多种现象与特征相互交织，给农业产业升级、农村进步和农民发展带来很多障碍。

瞻望未来，重构特色，创新赶超

第一，中国经济需要做亮三张名片。

一是升级第一张名片，由“中国制造”走向“中国智造”。中国制造在很大程度上提供的只是简单的劳动力和资源而不是智慧和脑力，只是产品的批量生产，缺少自主品牌。当今中国被誉为“世界工厂”，但是与昔日“世界工厂”相比，我们无论在质还是量上都仍有相当大的差距。Made in China 长期以来似乎是廉价产品的代名词。中国拥有自主知识产权、核心技术的企业比例很低，诸多行业的对外技术依存度超过50%，而作为前“世界工厂”的美国和日本，这一比例却仅占5%左右。很多无自主品牌、无自主设计、无核心技术的“三无”中资企业，仅靠代工生产来赚取微薄的利润。此外，我们今天既要瞻“前”还要顾“后”。前有发达国家的贸易壁垒与技术鸿沟，“后”有印度、墨西哥、东南亚及东欧等地的成本追兵。所以，我们必须通过加强自主创新实现由“中国制造”到“中国智造”的升级。加快推进传统产业技术改造，加快发展战略性新兴产业，加快产业结构调整，全面提升现代产业技术水平和国际竞争力是升级的当务之急。同时，加大建设创新型国家力度。当前，国家出台了多种措施扶持中小企业自主创新，促进中小企业转型升级。应该充分发挥企业和高校在不同领域的优势，构建产学研结合的技术创新体系。应以更有力度的政策，鼓励科研院所、高等院校更多地参与国际前沿、国民经济社会发展重大问题的基础研究，政府应做好搭建平台工作，让企业家、科学家和银行以及非银行类的金融机构加强联系，使产学研、企业、民间资金、科学成果能及时、有效地结合起来，从而加快实现从“中国制造”到“中国智造”的升级。

二是打造第二张名片，由中国产品走向中国服务。制造业是硬实力，而服务业则是软实力，是对外开放的重头戏。打造服务贸易制度创新高地，展现中国服务的新理念、新措施、新体验、新效果是打造中国服务名片的新课题。例如：鼓励商业银行在商业可持续、风险可控的前提下创新适应贸易服务特点的境外金融服务；深入改革通关监管制度和模式，为服务贸易提供通关便利；提升移动支付、消费服务等方面便利化水平；鼓励扩大服务出口，大力发展入境游等。总之，做好与全球服务接轨这篇大文章，是擦亮中国服务这张名片的关键着力点。建设能级强大的服务业中心城市，打造具有金融、贸易、科技创新、商务服务枢纽和文化交流门户等综合服务或专业化服务功能的国家服务业中心城市，以此提高我国服务业集聚度和整体提升我国在世界服务网络中的引领能力，应是“中国服务”品牌走出国门、冲向世界的培养基。具体而言，应以提升生产率水平为重心，大力推动流通方式创新和产业融合发展，增强流通综合服务功能，促进流通性服务业发展稳中提质；应以产业转型升级需求为导向，促进生产性服务业努力向中高端延伸，进一步提升生产性服务业发展水平和竞争能力；顺应居民消费需求变化，更好地满足居民多层次、多形式服务消费的便利性和个性化要求，进一步丰富服务内容、创新服务方式、增进服务体验，促进生活性服务业向精细化和高品质转变。不断发掘新兴产业和新型业态服务的新功能，增强现代新型服务业的引领和导向作用。尤其在“三农”领域，2.3 亿小农户与现代农业如何衔接，建立高水平的社会化服务体系是必须做好的大文章。

三是转型第三张名片，由“世界工厂”走向“世界市场”。我国已经是世界制造业大国，更应成为国际商贸中心。2013 年，中国首次超过美国，成为全球第一货物贸易大国。当年，根据世界贸易组织秘书处统计数据，中国货物进出口总额为 4.16 万亿美元，其中出口额 2.21 万亿美元，进口额 1.95 万亿美元。在 2016 年，美国以 204 亿美元的优势，超过中国成为全球第一货物贸易大国；2017 年，我国货物贸易进出口总值27.79万亿元人民币，比2016年增长14.2%，扭转了此前连续两年下降的局面。2017年中国进出口总额增幅创六年新高，再次成为世界第一贸易大国。虽然我们已经多年被称为“世界工厂”，但非常需要通过提高外贸发展的质量，把高技术、高品质和高附加值的外贸产品比重提高，市场的份额增加。就2017年而言，我国高技术产品的出口占总出口的30%左右，这说明我国外贸正在向高质量发展。尤其值得一提的是，中国是世界第一人口大国，国内消费市场需求应是我们最大的战略储备。买世界的，卖世界的，让中国成为世界市场，优势突出，基础雄厚。

第二，中国城乡需要重构关系。党的十九大报告提出要“坚持农业农村优先发展，实施乡村振兴战略”。一是真正做到农业农村优先发展，必须在制度建设上首先发力，构建要素交换上优先满足农业农村的制度体系，推动工业资本积累和国民收入分配优先向农业农村倾斜。目前，每年约有2.8亿农民工进入城市，有400多万亩耕地转为城市建设用地，农村优质资源流失严重，需要在节约集约利用的基础上，优先保证农业现代化发展资源的数量和质量优先，保证农业产业用水用电用地需求。在深化农村土地制度改革上，应该建立兼顾国家、集体和个人的土地收益分配机制，合理提高农民分配比例，让农民更多分享土地增值收益。二是高度关注农村人才问题，要全面建立吸引人才返乡下乡就业创业的激励政策体系。三是不能唯农业论农业、就农村谈农村，必须在开放中注入发展活力，拓展发展空间。要顺应国家开放发展的大趋势，进一步扩大农业对外开放，统筹利用好国际国内两个市场两种资源，着力塑造农业对外开放新优势，以高水平开放促进农业转型升级；要积极引入和充分利用城市人才、技术、资金等要素，提高资源要素配置效率，增强发展后劲。四是随着以城市为中心的建设向农村优先发展转变，要把农业农村继续作为财政支出的优先保障领域，形成投入稳定增长机制，确保农业和农村投入力度不减弱、总量有增加。此外，还要注重发挥市场形成价格作用，保持农产品价格合理水平等。总而言之，中国要富，农民必须富。我们追求的农业农村优先发展，必然是惠及广大农民的发展，要顺应广大农民群众对美好生活的新期待，千方百计增加农民收入，推进城乡基础设施互联互通、共建共享，促进城乡基本公共服务制度并轨、标准逐步统一，加快补齐农村基础设施短板，提高公共服务水平，全面提升农民生活质量，全方位缩小城乡差距，让广大农民在共建共享发展中有更多获得感，过上幸福美满的好日子。全面建成小康社会，是我们党的第一个百年目标，“小康不小康，关键看老乡”。

第三，中国科技需要由“跟跑”走向“跟跑”“并跑”“领跑”。比如我国在互联网方面的某些技术与创新已经可以与世界先进水平并驾齐驱。中国的科技创新由过去的“跟跑”为主，已经逐步转向更多领域中“并跑”、甚至“领跑”，科技进步贡献率由52.2%提高到57.5%，重大创新成果不断涌现，数字经济、共享经济等新业态、新模式正在引领世界潮流。对于“领跑”的领域，要进一步扩大领先优势；在“并跑”领域，要找到突破点，加速形成领先优势；在“跟跑”领域，要实施非对称战略，创造新的比较优势，努力弯道超车。尤其需要夯实人工智能发展的科学基础，加快实施新一代人工智能科学基础的关键技术系统集成研发，使研发成果尽快能够进入开放平台。此外，还要加快人工智能创新成果的转化应用，推动人工智能应用到产业发展中，应用到社会生活各方面，着力尽早解决人们所关心的安全问题、健康问题、环保问题等。

第四，中国路径需要由浪费资源、恶化环境走向保护环境、绿色发展。19世纪，英国用工业革命方式教会世界如何生产，机械化带来生产飞速发展，英国在世界居于首位。20世纪，美国以消费拉动生产的新理念和建设购物中心的新路径等教会世界如何消费，并因此奠定世界领先地位。在21世纪，中国要想走在世界前列，需要教会世界如何可持续发展，如何走绿色发展之路。党的十八大报告首次将推进生态文明建设纳入我国社会主义进程；从这一整体布局出发，2015年召开的十八届五中全会提出了五大发展理念，其中着重将绿色发展理念摆在突出位置。习近平总书记在全国生态环境保护大会上的重要讲话，全面论述了我国生态文明建设的发展历程。总书记强调，“生态文明建设是关系中华民族永续发展的根本大计”。应充分利用中国能够集中力量办大事的制度优势，为解决生态环境问题提供更好的条件。“共谋全球生态文明建设”理念的树立，赢得了全世界的赞许，展现了我国生态文明思想的全球共赢观。全球性生态危机成为全人类共同面对的问题，保护生态环境、实现可持续发展成为各国共识。我国要共谋全球生态文明建设，必须在做好自身绿色化发展的同时，深度参与全球环境治理，推动世界环境保护和可持续发展解决方案的形成。

第五，中国地位需要由参与发展走向引领发展。中国已经成为世界第二大经济体，也从世界经济舞台的边缘走向世界经济舞台的中央，过去我们一直是看着世界转，跟在别人后面发展，是被动的，而今天正逐渐走向主动引领性发展。2018 年中非合作论坛北京峰会成功举行，本次峰会是迄今为止中国举办的规模最大、规格最高的主场外交活动，非方成员全部出席，其中有 40 位国家元首，超过 240 位的非洲国家正部级官员。此外，联合国秘书长古特雷斯作为嘉宾，27 个国际和非洲地区组织的代表也出席了会议，中外参会人员总共超过 3 200 人。此外，2015 年 12 月 25 日，亚洲基础设施投资银行（以下简称亚投行）正式成立，亚投行作为首个由中国倡议设立的多边金融机构，总部设在北京，截至 2018 年 5 月 2 日，亚投行拥有 86 个正式成员。再加上“一带一路”建设的蓬勃发展，更加印证了我国正一步步走向经济舞台中央。从“一带一路”倡议提出至 2018 年 4 月底，中国国家主席习近平对“一带一路”国家出访 37 次，有 52 个“一带一路”国家的元首访问中国总计达 107 次。我国与 56.34%的“一带一路”国家保持战略伙伴及以上的关系，2013 年至 2017 年，中国与“一带一路”国家进出口总额达 69 756.23 亿美元，与相关国家贸易增速高于中国对外整体增速，成为推动我国外贸加速回暖的重要力量。今天，我国很多方面在很多时候已开始引领世界发展，同时我国也在承担与大国地位相匹配的大国责任。

一幅当代农村版的《清明上河图》
——文贤《苦并快乐着》序

《苦并快乐着》是一幅当代农村版的《清明上河图》。我读过不少写乡村变迁的书，但从没看到写景状物、叙事抒怀、描摹刻画得那么真、那么深、那么透，又那么全面、生动、精彩，更那么清朗奇俊、韵味十足、出神入化。全书以逻辑思维为经，形象思维为纬，描绘的各类场景真个是“虽人有百手，手有百指，不能指其一端；人有百口，口有百舌，不能鸣其一处也”。书中既有行云流水的白描素记，又有雕章琢句的古典文法；既有精骛八极、心游万仞的汪洋恣肆、一泻千里，又有恬淡自然、和风细雨的绵绵心声、娓娓妙语；既有宜关西大汉握铁简板引吭高歌的篇什，又有合二八女郎执红牙板浅吟低唱的章节。展读一面面书页，就像展开一轴长卷画卷，鲜活的画面跃然纸上。相信但凡有点乡村生活经历者，读后都会拍案叫绝。

四十年前的改革，造就了今天中国的辉煌。四十年前，文贤同志年龄还小，一个童真孩子体会到的苦乐，自然和当时成人的感受是不一样的，但就是文贤同志这一代人童年亲身经历的这些苦乐，给这一代人带来了难得的精神财富，他们对于乡村的记忆，或许才是激发他们持续关注乡村振兴的动力。

上海世博会两句口号深入人心，“城市让生活更美好”“乡村让人们更向往”。眼下虽然整个乡村还比较落后，但经过改革开放以来的建设，尤其是党的十八大以来的一系列举措，一些发展较快的乡村，已不再是

---

* 本文撰写于2018年。

人人都想逃离的“谈农色变之地”。坊间戏言，现在是穷人进城，富人下乡；忙人进城，闲人下乡；为生存的人进城，为生活的人下乡。这些坊间戏言尽管有夸大的成分，但也从一个侧面反映了农业农村的显著变化。在人们日益增长的美好生活需要与不平衡不充分发展已成为新的社会主要矛盾的今天，绿水青山已是人们寻求“诗意栖居”的理想之地、健康养生的归宿之所。

四十年，弹指一挥间。文贤在书中描述的一个农村孩子的苦与乐的场景，很多已经消失了，乡村很多有价值的东西也几乎消失殆尽了。究其原因，在战争年代，我们用农村包围城市；在建设年代，我们用农业支援工业；在改革年代，农民服务市民、以乡养城的定势思维已成惯性。所以，党的十九大谆谆告诫全党，“三农”问题是关系国计民生的根本问题，必须始终把解决“三农”问题作为全党工作的重中之重，任何时候都不能忽视农业、忘记农民、淡漠农村。全社会都应以此为标杆，树立不打折扣的看齐意识，尤其在土地征收、工农产品价格剪刀差、农民工市民化等方面必须以壮士断腕之力革除旧弊，让城乡在统筹发展、一体化发展、协调发展的基础上融合发展。当城市里享受着高度现代化生活时，我们更应关注一下低度现代化的农业农村，“不忘初心”，毕竟那里存放着我们的“初心”。

新时代“三农”的新使命，就是按照“产业兴旺、生态宜居、乡风文明、治理有效、生活富裕”的要求，实施乡村振兴战略。乡村振兴的标志性体现就是“三个起来”，即让“农业强起来、农民富起来、农村美起来”。早在2013年中央农村工作会议上，习近平总书记就明确提出，“中国要强，农业必须强；中国要富，农民必须富；中国要美，农村必须美”。“三个必须”深刻阐明了“三农”强富美与中国强富美的关系。

乡村不振兴，中华民族就不可能复兴；“三农”不崛起，中国就无法崛起。因此，振兴乡村，实现“三个起来”，不仅是为了解决“三农”问题，更是实现中华民族伟大复兴的关键！

党的十九大报告提出“要坚持农业农村优先发展”。如何优先，怎样体现，大有文章。绝不是高喊口号敲锣打鼓或造几个典型就代表优先了。要把“三农”放在国民经济社会总体发展的大战略中看是否优先了；放在城市与农村大背景中看是否优先了；放在三次产业的大结构中看是否优先了；放在市民农民的大格局中看是否优先了；放在宏观制度设计中看是否优先了；放在微观资源配置中看是否优先了。乡村命运并非掌握在乡村自己手里，很大程度上取决于国家愿景和行动。如今愿景已出，重在激活行动。

务农、学农、教农，这是文贤的人生“三农”。“儿郎种麦荷锄倦，偷闲也向城中看”，一个发于垄亩的青葱少年终于走进“夜市千灯照碧云”那个叫城的地方，虽身处闹市，却仍时时回望来路，铭记“根”的呼唤。由“农”而“努”而“浓”，这在当下是难能可贵的责任担当，是超凡脱俗的家国情怀。相信文贤这一代人感受到的苦与乐能够成为他们为实现乡村振兴而不懈奋斗的源动力。倘若再过四十年，历史的接力棒又传给了一个像文贤一样在农村长大的孩子，他笔下的农村生产生活苦乐又会是什么样子呢？我很好奇。

“真”是自然科学要解决的问题，“善”是社会科学要解决的问题，“美”是艺术科学要解决的问题。为文者要达到真善美的有机统一，非专才加通才不可为，那些只以学术的象牙塔画地为牢的研究者，是很难写出既能顶天又能立地的美文的。（《苦并快乐着》2018 年 10 月已由中国发展出版社出版发行）

传统农耕文化遭遇断崖式沉没 “为往圣继绝学”成当务之急

宋代思想家张载“四为”说，被历代称为“窃天火，烹己肉，照人间”的历史担当，是中华民族精神的绝句、思想的坐标。“为天地立心”，即为人间社会树立起价值标杆；“为生民立命”，即为百姓找到生存与发展的道路；“为往圣继绝学”，即继承发扬过往圣人所创造的面临失传的学问；“为万世开太平”，即为子孙后代开辟祥和太平的盛世。“四为”之中，唯“为往圣继绝学”在历代学人中独树一帜，少有提及。

人类文明的演进主要通过人文科学的社会治理和自然科学的科技研发两条途径实现，即“道”与“器”的互动。中国人历来重“道”轻“器”，长达 1 300 多年的科举制度，为“器”而设者寥寥，而在“继绝学”中，不光要继“道”之绝，也要继“器”之绝。所谓“往圣”者，为“道”者是“往圣”，为“器”者同样是“往圣”，只有“道”“器”并举，才能使文明薪火相传，不致中断。

在这个科技飞速发展、分新秒异的时代，大数据、云计算、互联网、人工智能的普及运用，使中华民族传统的农耕文化正面临香火断续的危机，耧犁水车镰刀锄、石磨碾盘杈耙锹等一大批在人动时代和畜动时代的几千年里，发挥巨大作用的农具，以及制造、使用这些农具的技艺，正被新科技全面代替，一无所用，且正在散落消逝；春种夏耘秋收冬藏，一整套按四时节令行事的传统农事操作规范几近失传。“顺天时、量地利、应人心”的农业哲学思想在许多方面被现代高科技颠覆（如反

---

* 本文撰写于 2018 年。

季蔬菜等）。传统农耕文化正遭遇断崖式塌陷，灭顶式沉没，已经到了需要抢救性发掘、创造性继承、创新性发展的最危急关头。18 世纪之前，中华民族一直是人类文明的引领者，靠的就是农耕文化的世代延续。与非洲农村的“原始型落后”不同，中国农村是相对于城市的“文明型落后”，中国的“乡村振兴”，实质是“乡村复兴”。复兴老祖宗创造的辉煌，是我们实现乡村振兴的信心之所在，力量之源泉。

研究表明，眼下我们可以看到名字的古代农业著作 600 多部，可以读到原著的也多达 300 多部。这是一笔其他任何国家和民族都无可比拟的宝贵财富。在文化传承仅限于世代实践传习和文图记载的时代，“为往圣继绝学”只能如此。今天，不论是财富积累还是科技手段都达到了一个前所未有的高度，“继绝学”的方式方法、能力路径都应超越前人。

应以实物继之。县乡两级应建立博物馆，把与农业生产和农民生活有关的特色农具及生活器具集中存放、收藏、展示。在漫长的农耕文化发展过程中，各地都有适应本地生产生活的特色传统器物，将之搜集整理集中，让子孙后代可以直观睹物，不需像无数后人极尽想象诸葛亮如何创制木牛流马、宋代人如何设计 1 800 多个零件的织机那样揣摩猜度，其科学价值、历史价值、艺术价值可以最直接地显现。美国 3 亿多人口，仅有 200 多年历史，但却建有 3 万多座博物馆。中国 13 亿多人口，煌煌五千年文明史，但却只有 6 000 多座博物馆，即使县乡两级都建一个博物馆也仅不足 4 万座，这与五千年文明古国名实不副，与 13 亿多人口的大国也极不相称。因此，不仅应推行政府建，还应鼓励、提倡、支持有条件的富裕村及有能力的企业或个人围绕农耕文化兴建博物馆，以多种渠道和方式抢救即将湮灭的历史遗存。

应以传习继之。国家已经制定了国家、省、市、县四级非遗保护体系。非遗项目计有 5 大类 134 项，但多涉及少数民族，且零散、细碎、孤立，缺乏综合性、整体性、逻辑性的大思维。在中华民族的宏大叙事中，应突破民族、区域、行业、时空等界限，发掘对 56 个民族大家庭成员普遍产生影响，覆盖全域，对社会广泛适用的非遗予以整体性保护。涵盖耕地农业、草原农业和捕捞农业三大领域的中华农业文明，应是首选对象。将其整体打包，纳入非遗保护，在县乡选择一定数量的传承人，对传统农具的制作、传统农技的掌握以及诸多农耕文化要件予以传习，应是非遗保护的发展方向。这是中华民族的根脉，传承人就是守护神，唯其守护，才能活化；唯其传承，才能生生不息。今天，熟悉传统农耕文化的人大都在60岁以上，他们一旦作古，再无可续。

应以图文继之。几百部古代农业著作是古人以图文形式留给我们的农耕文化遗产。今天应采取最先进的现代科技手段把传统农具的制作、传统农技的操作等博大精深的农耕非遗文化制成现代版的《农政全书》、现代版的《齐民要术》、现代版的《天工开物》等，让音像图文并茂，立体动感生辉，工艺流程、精湛技法、绝妙演示，令人一睹即明。

应以申遗继之。人类历史上不少地方都曾燃起过古代文明的火炬，但都相继熄灭，唯有中华文明长盛不衰。这一世界史上独特现象生成的关键在于物质基础。多元交汇，精耕细作的中国古代农业一直是世界最高水平，一系列发明创造不仅领先于世界，而且对东亚和西欧农业的发展产生过深刻影响。中国古代农业强大的生命力是中华民族、中华文化得以持续发展的深厚根基。中国已有39项非遗进入世界名录，但作为综合性强、覆盖面广、影响力深、历史久远、一脉相承、不曾中断的中华农耕文化理应申报世界非遗。这是保护传统文化，弘扬民族文化，增强文化自信的关键举措和重要途径，也是对世界的奉献，对历史的负责，对子孙的交代。

在人人都急着赶路的今天，在社会价值把人的一生浓缩成上学时的分数和工作后的钱数这两个数的当下，在追求时尚、追求物欲、追求高新科技的如今，“为往圣继绝学”，没有强大的政策支持、没有浓厚的社会氛围、没有一支耐得住寂寞的人才队伍，绝非易事。设计强力制度、造浓社会舆论、着力培养专才应是当务之急。

当脱贫攻坚遇到乡村振兴

脱贫攻坚战正处于三年攻坚期，乡村振兴正处于“三年取得重大进展”关键开局年，两大战略的政策契合度、实践衔接度关乎后三年工作事半功倍还是事倍功半。近期，我们赴内蒙古、山东、山西、安徽、贵州、新疆和甘肃等省区调研，综合各地情况，我们认为，脱贫攻坚和乡村振兴两大战略的共同点在于，都旨在做到“三个消除”，即消除绝对贫困、消除城乡差距、消除社会偏见。所谓消除社会偏见，即消除长期形成的重城轻乡的惯性思维，优先发展农业农村。“三个消除”是解决农村问题的根本，也是实现“两个百年目标”的保障。两大战略的不同点在于：脱贫攻坚具有紧迫性、突击性、局部性和特殊性等特点，乡村振兴则具有渐进性、持久性、整体性、综合性等特点，脱贫攻坚主要解决发展中的不平衡问题，乡村振兴主要是通过解决不充分来解决不平衡问题。在组织和推进这两项战略实施的过程中，要充分把握这两者的特性和不同，在宏观上要做到不能因为脱贫攻坚为乡村振兴留下隐患，也不能因乡村振兴影响脱贫目标如期实现。脱贫攻坚是乡村振兴的基础，乡村振兴是脱贫攻坚的动力，二者相辅相成，互为因果，互补互助，不能各行其是，顾此失彼。

做好两大战略的有机衔接，需要从乡村振兴战略中的五项目标任务着手。

一是产业兴旺。要做好产业兴旺的文章，需要厘清产业兴旺的内涵。首先，不能局限于一产农业的兴旺，一二三产要同时兴旺，才是真

---

* 本文撰写于2019年。

正的产业兴旺。其次，一二三产要融合发展。一村有窑厂、有商店，三产齐全，但是互不关联，不能相互促进、形成合力，因此不能简单地把城市二三产业搬到乡村，就算三产融合了。再者，产业兴旺必须带动当地农民就业致富。那种富了老板穷了老乡的产业兴旺，也不是我们需要的兴旺。目前脱贫攻坚中的产业扶贫，一般都是专项的、单一的产业，且多集中在农业，特别是有些地方的产业扶贫要求过急，在市场论证上做得不够充分，一窝蜂上一个产业，最后恐难逃“谷贱伤农”的后果，留下产业扶贫项目的“烂尾楼”。要实现两大战略的有机衔接，就要找好产业发展衔接点，按照乡村振兴中产业兴旺的内在要求，重点向农产品加工业、农业服务业拓展延伸，实现三产的融合发展，同时还要积极开发新产业新业态，实现多功能的发展，这样的产业兴旺，才是我们追求的目标。

二是生态宜居。人类社会经历了一百万年的原始文明，一万年的农业文明，三百年的工业文明，今天正进入第四个文明形态，即生态文明。而生态宜居正是生态文明的具体实践。生态宜居就广义而言，应包括环境优美度、生活便利度、社会文明度、资源承载度、公共安全度、市场发育度、居民幸福度等。当前有些地方为了“温饱”不顾“环保”，既影响脱贫攻坚质量，也影响乡村振兴进程。

因此，在两大战略的衔接中，首先应正确处理好“温饱”和“环保”的关系。该堵的堵，引进的项目破坏青山绿水，即使是金山银山也应拒之门外。该罚的罚，严格落实责任终身追究制，避免“公地悲剧”成“公共悲剧”。该补的补，财政应拿出真金白银，尽快补齐环保设施和监管能力欠缺的短板。该给的给，应从环境的外部性去考量，借鉴国际上“碳交易”的做法，要求发达地区给生态保护地区合理的经济补偿。其次应打造一个“四生”契合的乡村环境。所谓“四生”契合，即生产、生活、生态、生意四者要互相照应。不能为了改善生活条件，远离生产场所，或为了挣钱破坏生态环境。生产、生活、生态的契合，如果没有与发达的现代化市场连接，便只是徒有躯壳，因此，“三生”之外还应加上市场的开发，即做活“生意”。只有四生契合，互为促进，才有高品质的生活、高效益的生产、高文明的生态。再者应以原住民的利益为导向。生态宜居不是外地人、城里人的宜居，而是原住民的宜居。外地人和城里人都只是乡村蜻蜓点水的过客，而原住民需要世世代代、祖祖辈辈在那里生产生活，他们与周遭的环境分分秒秒都是休戚与共的共同体，因此，“宜居”应以原住民的视角和利益打造。

三是乡风文明。不少地方都把乡村文明当作很虚的事情，认为没有什么抓头。其实，这是一件很实很具体的事情。重点应从三个方面入手：①村户环境的治理。如果一个人披头散发，蓬头垢面，说他文明程度再高，大家都不相信。即使再穷，把环境搞得干净整洁是完全可以做到的，“厕所革命”就是一个很好的切入点。印度“清洁社会”的计划，主要就是从厕所抓起的，他们7亿多人没有厕所，到明年就要建1.1亿座厕所，在世界产生了很大影响。厕所被世卫组织定义为“最廉价的医药”，习总书记多次提出“厕所革命”，坊间戏言：物质文明看厨房，精神文明看茅房。因此，抓乡风文明，村户环境治理应是最好的入手处。②广泛发动社会，订家训、正家风。有言之教谓之训，针对各家情况把名言警句写成条幅挂在墙上就是家训，上海杨王村每家每户门口都贴有一块家训，内容入情入理，村民将此作为行为准则入心入脑，产生了良好的社会效果。无言之教谓之风，家风是家长以身作则，身体力行，通过自己的实际行动给子孙后代做示范。好的家教是家训和家风的结合，它奠定了一个社会文明的基础。很多从乡村走出去的做出成就的个人，大多是从有优良家训和家风的家庭里走出来的。③重修乡规民约。社会主体的流动性使中国乡土社会正在发生巨大变化，传统的乡规民约已经过时，亟待修订。以社会主义核心价值观为引领，与时俱进，构建适应时代需要的乡规民约，作为乡村社会价值观的标准成当务之急。一乡一村应广泛发动，因地制宜制定易操作、可落实、能见效的行为准则，让这些行为准则潜移默化，对本地每个居民的世界观、人生观、价值观起到引领性和导向性的作用。

四是治理有效。治理有效就是政令畅通，民心相通，乡村社会充满活力、和谐有序。脱贫攻坚已经形成五级书记齐抓共管的工作局面。五级书记抓脱贫攻坚在农村力度最大、最有成效，使农村出现前所未有的新局面。民谚云：老大难，老大难，老大一抓就不难。实践证明，加强党的领导是最行之有效的方式。改革开放以来，没有哪项政策的实行像脱贫攻坚这样有力度有实效，主要经验就是五级书记一起抓，应将这一举措总结提炼、推广运用到乡村振兴当中。还应建立市场、社会和政府三位一体的治理格局，形成各司其职、各负其责，既互相配合又相互制衡的现代治理格局。乡村的有效治理仅靠政府是远远不够的，应充分发挥市场和社会的力量，给市场和社会更多的自由度和主动权。同时还应打造一个自治、法治、德治相结合的乡村治理体系。传统社会的治理主要是自治和德治，今天是一个法治社会，在继承发扬传统乡土社会治理精华的同时，应重点抓好法制建设，靠法治推进发展，靠法治调处矛盾，靠法治打击黑恶势力，靠法治扶正祛邪。

五是生活富裕。不少地方把生活富裕简单片面地理解为物质生活，这只是问题的一半。生活富裕应包括两个层面，即物质的富裕和精神的富裕。柴米油盐酱醋茶是物质的需求，琴棋书画诗舞歌则是精神的需求。两大战略实施中虽各有侧重，但需要同时推进。脱贫攻坚主要是解决物质生活的保障问题，但不可忽视精神文明的建设；乡村振兴中既要抓好物质生活富裕还要抓好精神生活富裕，即精神生活的富裕要贯穿到物质富裕的任务和目标之中。如果是口袋装满了，脑袋空着，就会出问题，精神空虚，无所追求，无事则生非，黄赌毒马上就会泛滥起来。在两大战略的衔接中，必须准确把握生活富裕的内涵，正确理解物质与精神的关系，从宏观上抓好四件事。首先是体力问题，针对因病致贫是主因的现实，以农村医疗卫生体制改革为核心，保障广大农民群众有一个强健的体魄。没有强健的体魄就无法创造富裕的生活。其次是智力问题，即要优先发展农村教育事业。目前乡村教育存在逆乡土化的问题，所谓“世界观”就是“观世界”形成的，小孩子都去城里读书，听到、看到、亲身感受到的都是高大上的城市文化，“由俭入奢易，由奢入俭难”，将来他们很难再回到乡村去参与振兴乡村。逆乡土化的教育是中国未来乡村振兴最令人担忧的大事。再者是增收问题，关键在于拓展农民的第三就业空间。第一就业空间是指传统农业，不离土不离乡；第二就业空间是指进城打工，离土又离乡；第三就业空间是指拓展农业的多功能性、发展二三产业，让农民离土不离乡，就地就近就业创业。第四是精神文化问题。在“扶志”“扶智”的同时，还要“扶制”。把适应精神需求的制度建设放在突出位置，搭建平台、培养人才、继承传统、创新发展，提高认知度、兴趣度、参与度，提升积极性、主动性、创造性。农民是需求者，也是创造者；唯有创造，才能活跃；唯有活跃，才能满足需求。

保护与活化古村古镇是乡村振兴的第一要务

中华民族有着五千年文明史，18 世纪之前，中华民族一直是人类文明的引领者，靠的就是农业文明。博大精深的乡村历史遗存是农业文明的载体，古村古镇则是历史遗存的集中体现。有些村镇生成久远、传承厚重，是中华民族的根脉，是中华文化的源头，是老祖宗留下的宝贵遗产，是不可再生的珍稀资源，是增强中华民族文化自信的传家宝，也是弘扬中华优秀传统文化的宝贵财富，更是人类共同的精神家园。它们承载的历史沧桑、社会信息、经济兴衰、文化内涵、艺术凝聚、审美情趣、思想情感、时代特征等具有不可估量的价值，是今天无论给多少投入、下多大功夫都无法再造的。因此，贯彻党的十九大精神，实施乡村振兴战略，做好古村古镇保护与活化当是第一要务。乡村要振兴，守住优秀传统，就是守住了中华文化的精魂。传统丢失、精魂迷散，上不能承祖宗，下无以启子孙，乡村建得再美，也徒有躯壳。让“金玉其中，败絮其外”的古村镇焕发青春，无论是从政治、经济、社会、文化等哪个角度审视，都应是乡村振兴起步阶段的重头戏、主抓手、首选项。

21 世纪以来，党中央、国务院高度重视古村古镇保护与活化工作。2003 年，我国建立了历史文化名镇、名村保护名录，至 2018 年已公布七批。2015 年，住房城乡建设部、国家文物局公布第一批中国历史文化街区名录。虽然我国古村古镇保护与活化开展已经二十多年了，但仍然有诸多在实施乡村振兴战略中亟待解决的问题与困难。

---

* 本文撰写于 2019 年。

一是重开发不重保护。一些地方领导认为保护会妨碍当地经济发展，还要投入大量资金，对保护积极性主动性不够。一些地方在普查中少报瞒报，以减少地方的保护经费开支和任务压力。一些地方为加快开发，模仿大中城市的风格，不顾历史文化名镇名村街区的原有风貌、空间格局和尺度，或平塘填沟，或展街宽巷，或推倒重来，筑洋房、建广场，盲目追求“焕然一新”的面貌，造成无法挽回的损失。

二是保文物不保环境。古镇、古村大多是因水成街、因山成景，但目前一些古镇、古村落所根植的水环境污染严重。所依托的背景山体上出现电力、通讯等铁塔，有的山体甚至被开采，致使整体协调性遭到破坏，这些都在很大程度上损害了其固有的特色价值。一些古镇、古村落市政管线布设随意，较为凌乱，消防设施没有按标准布置，破坏了古镇、古村落历史文化氛围。

三是有需求缺乏供给。传统村落、古民居、古建筑的保护、维修、整治是一项涉及面广、专业性强、标准要求高的工作。各地普遍反映历史文化遗产保护队伍人员整体素质不高，专业基础知识薄弱，专业技术管理水平过低。主要是缺乏传统能工巧匠，缺乏从事文物维修设计、养护的专业技术人员，缺乏保护管理维护人员。而目前国内又没有这些方面的专业院校培养急需人才，致使保护与管理力不从心。

四是财政难包揽而社会难进入。历史遗产保护与活化是一项投入大、周期长的系统工程，需要大量资金。目前资金投入仍以政府为主导。列入国家和省保护项目，资金能有一定的保障；而未入选的古镇、古村落、古民居等资金则没有着落，亟须社会资本进入，但目前社会资本进入难度很大。如安徽黟县 2015 年挂牌出让 8 栋古民居，推进中困难重重。①产权不明晰。古民居年代久远，居住者复杂，产权纠纷多。②征收难度大。古民居涉及一个家族几代人，涉及户主多，有的达到几十户，且散居多国，难以召集，难以达成一致。③价值评估难。目前，古民居评估机构少，具有资质的评估机构更少；由于缺乏完整科学的技术体系，评估价值都带有很强的主观性，经常会忽视古民居所具有的历史文化艺术等价值的特殊性，导致古民居的潜在价值被低估。④易破坏。由于无法科学、合理量化古民居各类信息功能，加上购买者对古民居认知水平不高，保护意识不强，古民居没有得到活化，有的甚至在利用中遭受破坏。

五是重有形而轻无形。目前，普遍对物质文化遗产尤其是建筑遗产保护较为重视，而对非物质文化遗产保护重视不够，导致一些古镇、古村落中的传统民俗文化逐渐衰退，而现代商业气息过于浓厚，与历史文化环境不相匹配。

对于有价值的乡村历史遗存，按照全面保护、整体保护，创造性转化、创新性发展，依法保护、可持续利用原则，我们建议：

1. 加大申报和设立力度。积极推进各级历史文化名镇名村的申报设立，督促指导各地申报中国历史文化名镇名村街区。进一步加强对文化生态保护区的研究和发掘，以此在保护文化生态中保护活化乡村有价值的历史遗存。

2. 加强保护规划的刚性约束。以空间规划为平台，建立多规衔接机制，注重全面保护、整体保护，加强保护规划的审批工作。克服过去重城轻乡、有城无乡的保护观念，建立历史文化保护城乡融合机制。编制历史文化街区保护规划、历史建筑保护图则，强化刚性传导与控制。加强保护规划宣传工作，提高社会知晓度。

3. 创新保护方式。探索创新历史建筑分级保护机制，推进省级历史建筑挂牌保护试点。大力推进历史文化资源保护数据库建设，实现历史文化资源分布、传统格局、空间尺度等历史信息的数字化集中采集管理，便于快捷地搜索查询。通过建立古建筑的数据拷贝，可为损毁古建筑的复原与修缮提供翔实完整的资料与模型，为有关部门对古建筑的保护与活化、利用、管理提供高效便捷的技术支撑。

4. 做好保护项目实施工作。充分发挥国家和省级等项目资金的带动作用，鼓励市、县（市、区）设立保护与活化项目。鼓励技术创新，改善基础设施条件，增强抗灾能力，提升公共服务水平。促进古民居的日常保养、保护加固、现状整修、重点修复等工作，提升居民生活的安全保障水平。

5. 加强整体保护与活化滋养。对历史文化名镇村街区实行整体保护，保持传统格局、历史风貌和空间尺度。做好生态环境保护，防止生态破坏、水土流失和水资源污染。逐步整治、拆除不符合历史风貌要求的建筑，加强对文物保护单位和历史建筑的保护。注重其文化内涵，加强活态保护，尊重原住居民生活形态和传统习惯，保障原住居民的参与。让历史遗存真正融入现代人的生活，滋养现代人的心性，才能具有活力，从而生成旺盛的生命力。

6. 强化人才技术保障。鼓励和支持有条件的高等院校、中等职业学校开设古建筑维护、修缮、管理相关专业，培养专业技术和管理人才。主管部门应大力组织开展古建筑特色工种技术工人培训，促进传统工艺和建造技法的传承推广。引进古村古镇保护管理专业、规划、古建、工程、管理等人才，探索常态化的专家指导机制。各省应深化与故宫博物院合作，组建院士工作站，大力推广古建筑防腐、防虫、防火、防漏、防雷、防盗、防潮、防裂等“八防”技术。

7. 完善监管机制。建立全域覆盖、城乡一体的保护机制。探索设立志愿督察员制度。建立历史文化名城名镇名村和历史建筑保护新模式，形成省市县乡村联动的创新机制。建立完善市级层面的部门定期会商机制，充分发挥专家顾问团队作用，定期分析研究保护过程中的情况和问题，制定针对性的措施。严格落实属地管理责任。

8. 建立政府、民间团体和社会公众共同参与的保护体系。变政府“主导保护”为全社会“共同保护”，采取政府引导、市场运作、社会参与的方式，加大对古村古镇保护与活化的资金投入，各省应设立省级古村古镇保护基金，支持市、县（市、区）政府设立保护利用专项资金。大力培育古民居价值评估机构，探索建立古民居产权流转市场。支持采取认保、认养、认租、认购等方式，引导社会资本以租赁、承包、联营等形式参与保护与活化利用。

9. 建立乡村农耕文化博物馆。自改革开放以来，传统农耕生产生活方式正在渐行渐远，抢救性地收集、存留和展示传统农耕文化遗物，建立农耕文化博物馆日益迫切。锄、犁、耙、水车、纺车、风箱、斗、蓑衣、陶器、雕塑、灯等旧时农业生产生活器具，展示农耕时代的生产生活起居，发挥传承、教育和旅游作用。

10. 推进非物质文化遗产传承进学校进课堂。对非物质文化遗产资源进行重点扶持和保护，借鉴芬兰的做法，把掌握一项非物质文化遗产作为中小学生必修课，推进非物质文化遗产传承进课堂，培养中小学生热爱非物质文化遗产的兴趣，保护传承传统技艺，弘扬地方特色文化。

乡村振兴，复兴传统文明是振兴的精髓。应将保护与活化乡村历史遗存纳入各级乡村振兴总体规划，并作为第一要务着力下好这盘先手棋，“为往圣继绝学”，这是中华民族的 DNA。

四十年回眸看小岗

四十年多前，小岗村18个红手印拉开了中国农村改革的序幕，18户农民冒着极大的政策风险，签下的“秘密协定”成了中国农村改革的第一份宣言，它改写了中国农村发展史。“敢想敢干，敢为天下先”的小岗精神，也使小岗村由普普通通的小村庄一跃成为中国农村改革标志性村庄。“保证国家的，留足集体的，剩下都是自己的”，这种分配方式在中国农村建立家庭联产承包责任制中起了先锋和示范作用。回眸改革开放四十年以来，小岗村为我国农村改革与发展做出的巨大贡献值得我们从更深刻的层面、更广阔的视野深思。

一是创建了一座精神高地。中国共产党从成立到今天，已经走过了近百年的历史，其间在不同的时代背景下，党领导全国人民塑造了一个个催人奋进、砥砺前行具有鲜明时代特征的精神高地。如果说革命年代的精神高地是井冈山、延安，建设年代的精神高地是大寨、红旗渠，那么改革年代的精神高地就是小岗村。井冈山、延安彰显的是将个人生死置之度外，为革命抛头颅洒热血的牺牲奉献精神，大寨、红旗渠彰显的是自力更生、艰苦奋斗的创业精神，小岗村彰显的则是敢闯敢试的改革创新精神。在小岗村这块精神高地的激励感召下，中国千千万万个村庄都打造成了“物质高地”。2017年，中国已有两个村的收入突破千亿元大关，一个是山东的南山村，另一个是陕西的东岭村。东岭村是一个只有800原住民的小村子，2017年收入高达1 330亿元。全国目前收入达500亿元以上的村约5个，收入50亿元以上的村多达200多个。小岗村

* 本文撰写于2019年。

虽然没能像那些成为“物质高地”的村一样在市场经济的风浪里一直遥遥领先、走在前列，但小岗村敢闯敢试敢担当的改革创新精神，始终是飘扬在那些物质高地的人们心中的闪光旗帜，始终是激发他们一往无前、奋勇开拓的强劲动力。没有小岗精神的示范效应，就不可能有他们干事的胆略和气魄；没有小岗精神的引领激励，就不可能有他们今天的辉煌成就。小岗的改革创新精神不仅是这个时代的标志，她将永垂史册、永不过时、永远闪光，是我们子孙万代的精神财富。不论是脱贫攻坚，还是实施乡村振兴战略，抑或深化农村各项制度改革，都必须以改革创新的小岗精神为指引，去闯、去试、去探索、去开拓，以“敢为天下先”的气度、胆识和担当开出一条前人没有走过的新路。

二是解决了一个世代难题。在中华民族五千年的历史长河中，农民吃不上饭的时候可以说是几乎年年发生，即使在那“稻米流脂粟米白，公私仓廪俱丰实”的开元盛世，也难以避免。因为自然灾害在那个年代是无可抗拒的，一旦发生，需要救济，由于交通通讯的限制，消息传到朝廷要开仓放粮，需要十天半月，再传回又要十天半月，饥民只能引颈以待。因此在几千年的历史上，温饱问题无时无刻不困扰着我们的民族，历朝历代从未走出这个怪圈。即便是新中国成立之初的二十多年里，国家通过各种方式探索，试图结束这种局面，但由于制度设置等原因均未奏效。从 1957 年到 1977 年，农业劳动力人均生产粮食由 1 030 千克下降到 962 千克，减少 36.7%；到 1978 年，全国 550 多个生产队平均固定资产总额不足万元，有些甚至连简单的再生产都无法维持，农民在长达二十多年的时间里，人均收入仅增长了 60 元左右；从 1952 年到 1978 年，农业全要素生产率下降了 3.4%。在这种背景下，一些地方的农民开始悄无声息地寻找新的出路，小岗村的探索逐步得到中央政府的认可。1980 年底，全国实行包产到户或包干到户的生产队由年初的 1.1%猛增到 20%，1983 年又猛增到 80%。到 1984 年改革的头六年里，农业总产值年均增长率达到 13.6%，1984 年粮食产量达到 40 731 万吨，基本解决了温饱问题。2018 年全国粮食总产量为 65 789 万吨，中国人今天已经彻底摆脱了几千年来在温饱线上挣扎的困境。我们坚信，只要按照中央部署，始终坚持小岗人探索的这一基本经营制度不变，中国人将永远告别“不足温饱”这个世代难题。

三是探索了一条发展道路。马克思创造了共产主义的公有制理论，在传统观念里，公有制就是计划经济，私有制就是市场经济。其实在私有制国家里也有高度计划的成分，那么公有制国家里当然也可以采取市场经济的手段。邓小平同志高瞻远瞩，一语道破：市场经济是人类共同的文明，社会主义也可以使用。中国特色的社会主义市场经济便由此诞生。小岗村的家庭承包经营，实质上就是在保持集体产权不变的前提下，从所有权中分离出来承包经营权，按照市场经济的规则由原来生产队集中决策、集体经营变成分户决策、分户经营，这样既保持了公有制的所有权不变，又引入了市场经济的运作法则，既提高了效率又减少了风险。在人类社会发展进程中，曾出现过多种形式的公有制，对不同形式的公有制在实现形式上都有过各自的探索。国有企业的创始人春秋时期的管仲，在盐铁国家专营问题上，不是全面垄断，把生产经营销售等各个环节死死捆在一起，由国家按计划管理，而是放开生产端，充分发挥民间力量，让会晒盐的人到盐场去自由晒盐，会炼铁的人到矿山去自由炼铁，把晒好的盐、炼好的铁再卖给国家，由国家统一经营。近现代以来，巴黎公社的公有制、以色列基布兹的公有制等在实现形式上都有过各自的特色探索。这些都充分说明，公有制的实现形式是多种多样的，不能教条、不能僵化、不能单一，应该因地制宜、因时制宜、因势制宜。小岗村的创新改革，从微观上看，是对社会主义公有制实现形式的探索实践；从中观上看，是对中国特色社会主义道路的探索实践；从宏观上看，更是对马克思主义中国化的探索实践。其价值和意义远远超出实践本身，她代表的是路径、是方向、是前途。她给人们带来的思想启迪更是深刻的、广博的。

四是揭示了一个农业规律。以家庭经营为主体，这是农业生产的基本规律，不论任何国家、任何时代、任何社会制度，农业大田作物都必须遵循这一规律。奴隶社会，奴隶主不论有多少奴隶，农业生产的经营决策都在奴隶主家庭。封建社会，地主不论雇多少长工，经营决策同样在地主家庭。资本主义为了适应工业化的发展，在农业生产上创造了家庭农场这一概念，同样以家庭为核心。社会主义国家的苏联，想打破这一规律，推行集体农庄，结果每况愈下，难以为继。中国学习苏联搞了个“一大二公”的人民公社，最后也因经营惨淡而寿终正寝。而小岗村的创举就是遵循农业生产的基本规律，让农业回归家庭经营。农业的这一规律，是由其自身特征决定的，与工业生产相比，它不可搬移，庄稼种在哪儿就只能在哪儿生长，工业品则可随时移动；不可间断，24 小时都要保持营养供给，工业品则可随时停工续工；不可倒序，先下种子然后长出幼苗，工业品各零部件生产则不论先后，最后可统一组装；是活的生命体，必须用心呵护，工业品则无生命；需要遵循经济规律和自然规律，工业品则只需要遵循经济规律；成果最终一次性显现，生产过程各环节无法单独检验成果，工业品各生产环节则可分开检测。基于这些特征，农业生产复杂的过程要想和工业那样实施全程监测，其代价和成本会高得无法承受，因此必须有一个最佳利益共同体实施经营，只有家庭这个共同体的所有成员能够不讲价钱不计报酬，心往一处想、劲往一处使，农业选择家庭经营的本质规律正在于此。小岗的实践再次证明，规律只能认识、只能把握，是不可打破的。

纵观中国历史上的改革运动，时间最长者也难过“不惑”，管仲改革成就齐桓公霸主地位 36 年，商鞅变法仅 6 年，王莽改制约 9 年，张居正改革推行 10 年，北魏孝文帝汉化改制前后 11 年，王安石变法 14 年，而戊戌变法仅维持百日。小岗人敢为天下先的改革创新至今已施行 40 年，并且已作为基本国策写入法律，长期坚持。这是其旺盛生命力的充分体现。

农村三产融合：如何融，怎样合

农村三产融合发展，就是通过对农村三次产业之间的优化重组、整合集成、交叉互渗，使产业链条不断延伸，产业范围不断拓展，产业功能不断增多，产业层次不断提升，从而实现发展方式的创新，不断生成新业态、新技术、新商业模式、新空间布局等。当前我国农村三产融合在多方发力的作用下，势头正劲，呈现出许多新特征、新态势。

一是多主体参与。就所有制而言，既有国有企业、外资企业、混合所有制企业、股份制企业，又有集体企业、民营企业、个体私营企业。就空间格局而言，既有乡村各类经营主体，又有城市各类工商资本；既有实体经营，又有虚拟经济，阿里、百度、网易等几大网络巨头无不涉猎其中。参与主体多元，各有定位、各具专长、各显功能，形成一个优势互补的局面。但应把握让农民尽可能多地分享产业增值收益这个关，决不能富了老板而穷了老乡。在各类主体竞争中，小农户处于明显的弱势地位，以适当的方式，控制资本的不当得利，引导各类主体与农户建立紧密的利益联结关系和合理的利益联结机制，形成利益共享、风险共担的命运共同体是当下摆在各级决策层面前的重大课题。三产融合是产业兴旺的关键，产业兴旺是乡村振兴的关键，而 2.3 亿小农户的振兴则是乡村振兴的关键。

二是多向度融合。既有以农业为基础，乘势发展农产品加工业、为农业农村服务的服务业的顺向融合；又有以农村服务业为基础，借机发展农产品加工业，反向带动农业生产的逆向融合；也有以农产品加工业

* 本文撰写于 2019 年。

为基础，襟带左右，向两端延伸，托起农业生产和为农服务的双向融合。农村处处有三产，如烧窑制砖瓦、编织工艺品是二产，开个商店饭店是三产，但农业与这两个产业之间互无关联，谈不上融合。因此，农村产业兴旺，互动融合是关键。不论哪种向度的融合，都必须能够“融进去、合得来”，从而生发出丰富的业态形式和多元的产业主体，使更大范围更高层次的社会产业大循环在乡村实现资源的优化配置和生产要素的重新组合。

三是多资源勾兑。土地、资金、技术、人才、设备、信息、生态环境、设施装备、劳动力、企业家、线上与线下、实体与虚拟，各类资源、各种要素不分城乡，不分产业，不分行业，不分区域，跨界、迭代、互渗，按照市场规律各寻其位，各尽其力，各得其所。到农场看走秀、到商店取汇款，到书店吃夜宵，到农家品美食，到鱼塘去休闲，到车间去旅游，到酒店听戏曲已成常态。构建人类命运共同体是这个时代人类社会的最强音，构建人类命运共同体的核心就在于地球上 75 亿人的互相合作。随着社会分工越来越细，每个人所从事的工作在整个价值链中的比重会越来越小，只有与各方跨界合作，个人的工作才有价值，不然将会被社会集体抛弃。多资源勾兑亦同此理，只有勾兑才能彼此借力，产生集群效应。但资源勾兑，要素重组，不能只产生一加一等于二的简单物理效应，而应在勾兑中发酵、裂变、重组、聚合，产生一加一大于二的复杂化学效应。

四是多功能开发。就农业自身而言，具有六大功能：日益强化的食物保障功能，前景广阔的原料供给功能，不断拓展的就业收入功能，正在崛起的旅游休闲功能，修复环境的生态保育功能，承先启后的文化传承功能。当下的农业，生产过程已经成了旅游观光的好去处，生产方式已经成了科普体验的强磁场，生产环境已经成了养生养老的理想地，人们不再仅以农产品的产量和质量论英雄，已经把视野拓展到更广阔更深远的空间去寻找价值。一些农产品加工企业不仅把车间开放为旅游观光的场所，而且产品展销和围绕产品的文化推介都做得引人入胜。饼干的来历，世界饼干的演进史；酱菜的源起，中国酱菜的流派分野；调味品的发展历程，香稻米的分布特点等，许多企业都以此展示其文化内涵。不少旅游企业更把景点打造成宣传地方特产和地域文化的精彩平台，让人过目不忘。多功能开发是延长产业链、提升价值链的关键，但应忌重复，突出特色；忌一般，打造品牌；忌孤立，串点成线；忌陈旧，创新业态。

五是多价值追求。经济社会发展的驱动力分为四个层面：要素驱动、效率驱动、创新驱动、价值驱动。我国经济社会发展已经过两次动力转型，第一次是1978—1997年靠廉价要素供给，第二次是1998—2012年靠扩张消费、扩张投资、扩张出口需求，2013年以来，进入以创新和价值为动力的时代。乡村三产融合发展，必须树立“绿色化”的新理念，遵循生态学原理，通过各产业自身及产业之间物质循环、能量流动和信息交换，构建一个符合经济、政治、社会、文化、生态五位一体文明发展的价值体系，五大领域是一个有机的统一体，不可偏废。那种只单纯就经济论经济的直线思维必须调整，三产融合发展需要在五位一体价值观的引领下推进。砍树毁林、大炼钢铁是教训；围湖造田，毁山开荒，毁草种地，以粮为纲是教训；村村点火、户户冒烟的大办乡企也有教训。前车之鉴警示我们，多元统一的复合性价值追求才符合经济社会发展的基本规律。

如沐春风小农户

现代农业发展有机衔接问题，中共中央办公厅、国务院办公厅近日下发的《关于促进小农户和现代农业发展有机衔接的意见》（以下简称《意见》）首次从中央和国家层面全面部署这项战略任务。中国农业现代化的实现，关键看2.3亿承包耕地的小农户能不能融入现代化，中国的乡村振兴，重点在于2.6亿小农户能不能振兴。《意见》立足国情，立足现实，高瞻远瞩，提出具有综合性、整体性、前瞻性的方针政策和实施措施，具有很强的指导性、针对性和可操作性。《意见》要求各级党委和政府要把贯彻落实扶持引导小农户政策和培育新型农业经营主体政策共同作为农村基层工作的重要方面，在政策制定、工作部署、财力投放等各个方面加大工作力度，齐头并进，确保各项政策落到实处。并要求各地各有关部门要加强协作配合，完善工作机制，形成工作合力。这无疑是“服务小农户、提高小农户、富裕小农户”“促进传统小农户向现代小农户转变”的福音。

把马克思主义中国化，走中国特色社会主义道路，就农村而言，必须做好两篇大文章，一是市场经济背景下公有制的实现形式。马克思创立了社会主义公有制理论，在传统观念里，公有制就是计划经济，私有制就是市场经济。邓小平同志说，市场经济是人类共同的文明，社会主义也可以使用，我们由此建立了社会主义市场经济体制。在这样的背景下，乡村里的公有制实现形式的道路该怎么走，各地涌现出多方法多路径多形式的集体产权制度改革探索。二是公有制背景下小农户与农业现

---

* 本文撰写于2019年。

代化的有机衔接。中国是一个小农户大国，在人类长达几千年的农业文明时代，中华民族一直是人类文明的引领者，靠的就是小农户这个经营主体。今天，两亿多小农户保障着占世界五分之一人口的农产品供给。未来一个相当长的历史时期，小农户还将依然是我国农业生产的基本组织形式，这是中国特殊的基本国情。

我国与西方私有制背景下人少地多的大农不同，经营成千上万亩土地的家庭农场，靠的是广泛建立各类专业合作组织实现与农业现代化的对接。我国与日本等亚洲一些国家和地区私有制背景下人多地少的小农也不同，一家一户不足百亩的小农，靠的是发展从摇篮到坟墓全程包揽的综合性服务组织实现与农业现代化的对接。社会主义公有制是中国共产党执政的理论基础，在这一理论基础上，要实现小农户与农业现代化的有效对接、有机衔接，需要探索第三条道路，这个第三条道路的核心应该是政府、市场、社会三方力量有机协作、各尽其能、共同发力。社会主义公有制的制度优势就在于能够集中力量办大事，再加上党的权威领导，小农户与农业现代化衔接只要摆上各级党委政府的重要议事日程，问题就不难解决。但需要注意把握的是，政府、市场、社会必须各司其职、各负其责，互相配合，又相互制衡，政府绝不能包打天下。小农户种什么、养什么由市场决定；小农户需要服务，分清哪些该政府做、哪些该社会做、哪些该自己做，越俎代庖，会适得其反。

农业现代化是一个庞大复杂的系统工程，它包括现代意识、现代思维、现代技术、现代管理、现代设施、现代金融、现代人才、现代服务、现代装备等一系列现代元素，以及这些元素之间的关系。同时，对于农业现代化来说，农业是本体，农民是主体，农村是载体，农业要实现现代化，必须让农业经营的主体农民和农业生产的载体农村同时现代化。要使小农户这么一个微观群体与如此庞大复杂的系统实现有效对接，其困难程度可想而知。更何况我国有 2.3 亿承包农户，美国约 230 万个家庭农场，英国约 23 万个家庭农场，就农业经营主体而言，我们是美国的 100 倍，是英国的 1 000 倍。我们与这两个已经实现现代化的国家相比，在衔接的客观条件和能力水平等方面也还有很多差距。有机衔接，任重道远。

农业现代化是一个动态的概念。今天之于昨天是现代，明天之于今天是现代，在高新科技发展“时新分异”、甚至“分新秒异”的当今时代，需要不断与时俱进，吸收最新科技营养。40 年前，有人告诉我们 40 年后每个家庭都将拥有可以挂在墙上的彩电，我们会认为那是神话故事。30 年前，有人告诉农民 30 年后可以用一部巴掌大的手机种田，手机就是农具，浇水施肥、耕种收割一键搞定，而且还能面对面地视频聊天，农民会认为那是科幻故事。这些今天都已成为现实。农业现代化是与时代发展相同步的，需要不断充实人类发明创造的最新成果。但值得高度关注的是，2018 年有关调查显示，我国尚有 5.88 亿人从不上网，这个群体主要集中在乡村，现代与传统在乡村出现断崖式落差，新挑战正在眼前。

公有制背景下，小农户与农业现代化的有机衔接是一项前无古人的实践，无成规可循，无成例可鉴，需要不断开拓、深入探索。这其中，小农户既是直接受益者，又是亲自实践者；既是被动接受者，又是主动创造者，充分激发小农户的积极性，激励小农户的主动性，激活小农户的创造性尤其重要。

重建生态道德

天育物有时，地生财有限，道法自然，天人合一，这是古人朴素的生态道德观。《尚书·舜典》记载，上古时代舜就设置了一个管理山林川泽草木的官职叫虞，做这个官位的人叫伯益。到夏朝时，就有了“春三月，山林不登斧斤，以成草木之长；夏三月，川泽不入网罟，以成鱼鳖之长”的道德倡导。一个社会的文明靠的是两大要件支撑：法律和道德。法律是他律，道德是自律。道德存于内心，指导行为，它体现的是伦理关系，是价值判断，道德的生成来自修养、信念和规范。

人类社会已经经历了三大文明形态，一是上百万年的原始文明，二是上万年的农业文明，三是三百年的工业文明。今天正在向第四文明形态过渡，即生态文明。所谓生态，就是自然界一切生物的生存状态，以及它们之间与环境之间相互依存的关系。生态文明是生态学与哲学的有机融合，是一种适应时代要求的价值判断和是非标准。它以人与自然和谐共生为宗旨，以资源环境承载为基础，以遵循自然规律、克服粗放型发展方式和不合理消费方式为准则，以构建一个健康的产业结构、生产方式、生活方式和培植可持续发展能力为着力点，打造一个资源节约型、环境友好型社会。

生态文明逆生于生态的不文明。自从工业文明发轫以来，人类被迅猛发展的科技冲昏了头脑，改造自然、人定胜天、驾驭规律等超越自然法则的理念层出不穷、高潮迭起。人是自然的主宰，是工业文明的核心理念。在这种观念的引导下，人类自我膨胀，贪欲泛滥，资源消耗毫无

---

* 本文撰写于 2019 年。

节制，环境污染毫无顾忌，地球已经不堪重负，人类也灾难迭起。圣雄甘地对此早有警示：地球提供给我们的物质财富足以满足每个人的需求，但无法满足每个人的贪欲。正所谓“竭泽而渔，岂不获得？而明年无鱼；焚薮而田，岂不获得？而明年无兽”。

中国改革开放以来，取得的巨大成就数不胜数，但最重要的成就就是走出了人与人、人与物和人与自然关系的陷阱，从阶级斗争到以人为本，从以穷为荣到以富为荣，从人定胜天到与自然和谐相处，逐渐清醒地认识到，人不是自然的主宰，只是自然的一员，规律只能认识，不能违背。由此，出台了古今中外最严厉的生态环境保护制度，责任终身追究，筑起一道壁垒森严的屏障。

制度是写在纸上的硬措施，道德则是刻在心中的软约束。生态文明社会所要倡导的生态道德是一种全新的道德观和道德范式，它不仅要求人对人的社会行为，而且要求人对自然环境的行为都要受到伦理评价，接受自我良心的审判。尊重生命和自然界是生态伦理学的命令性原则，不损害生命和自然界是生态伦理学禁止性原则。在生态文明时代，生态道德水平高低是衡量一个国家、一个民族文明程度的重要标志，也是衡量一个人综合素质的重要尺度。在“人是自然的主宰”这一工业文明理念仍然阴魂不散、暗藏杀机的背景下，仅靠法律和制度的硬约束，缺乏“发乎情止乎礼”的道德修养，是很难建成生态文明社会的。因此，培养善德善行的生态美德，激发社会成员对自然的热爱、尊重和感恩是当务之急。长期以来，社会倡导和奉行的道德哲学就是人类中心主义，今天务必要超越这种传统价值观，树立在热爱自然、尊重生命、优化环境、健康发展的基础上，保障人类的发展和幸福的新理念。

所谓热爱自然就是要经常投身自然、拥抱自然、融入自然，尤其在城镇化高潮中，“宅男”“宅女”不问五谷、乡村孩子城里借读现象愈演愈烈的现实情况下，培养人们对大自然的感情十分必要。

日本在城市建了几千个市民农园就是为了让市民有机会多接触自然。唯有接触才能了解，唯有了解才能热爱，唯有热爱才有感情，才能认识把握其规律，从而不做或少做违背规律的荒唐事。所谓尊重生命，就是面对每时每刻地球上都有许多物种灭绝的现实，每个人都必须树立保护物种多样性的强烈意识，尤其那些非国保类动物不食的“吃货”，更应扪心自问。所谓优化环境，既要对现实环境实施严格保护，又要对已被破坏的环境予以修复，给自然休养生息留下足够的时间和空间，使生态环境逐步得以恢复。所谓健康发展，即未来发展过程中，不论上任何项目，搞任何建设，都必须以生态文明为前提，这是不可逾越的红线。

生态道德建设不仅是一项复杂的系统工程，而且需要潜移默化、润物无声地深入人心，变成每个社会成员的自觉行动。它能否转化为社会成员的风俗习惯和道德实践，除了看我们设计的标准规范能否反映人与自然伦理关系的本质，能否体现事物发展的规律性、必然性，还要看道德的教化能在多大范围、何种程度上为社会成员所接受、信奉和遵循。生态道德的重建必须在教化的深度和广度上长期坚持，持之以恒地进学校、进课堂、进村户、进一切能够进入的媒体，形成浓厚的社会氛围。只有坚持不懈地努力，才能让每个社会成员入脑入心，变成自我约束的道德意识，指导自己的行为。习近平总书记“绿水青山就是金山银山”的“两山”理论，已经家喻户晓，妇孺能诵，但要真正变成人人都能自觉践行的道德约束，仍需假以时日。

到2020年脱贫攻坚结束，我们可以骄傲地向世界宣布，在中华民族五千年文明史上，我们是摆脱贫困的第一代！但还应清醒认识到，我们也是启动生态文明建设的最后一代，历史留给我们的是最后的机会！如果等到地球上剩下的最后一滴水就是人类眼泪的时候，我们就没有眼泪了！一个国家、一个民族要走在世界前列，必须教会世界一件事情，19世纪英国教会世界如何生产，20世纪美国教会世界如何消费，21世纪的中华民族要走到世界前列，应该教会世界如何可持续发展，这也是人类社会进入第四文明形态，一个国家文明水平的基本体现。

脱贫攻坚决胜期需要关注的几个问题

要完成2020年现行标准下农村贫困人口实现脱贫的既定目标，时间紧、任务重、挑战多、难度大。2018年以来，我们赴内蒙古、新疆、云南、重庆、河南、江西、贵州、陕西、安徽、山东、甘肃等省市区调研，综合各地反映，进入决胜期的突出矛盾和问题主要表现在以下几个方面。

一是从工作作风看，形式主义、官僚主义多有发生。文山会海日益加剧，口号标语、展示牌泛滥，“造亮点”“堆盆景”等政绩工程、形象工程虚多实少；“留痕主义”盛行，新华社报道，一个地方一次卫生检查，要有九个方面留痕，耗费了大量人力物力，填表报数做台账成了扶贫干部的“中心工作”，“纸上扶贫”已成为基层干部的沉重负担；检查考核过多过滥，省市“导向性偏差”，造成了县乡村较大范围的“应对性误区”，滋生了“迎检文化”，用形式主义对付官僚主义。有的考核指标制定，既缺乏文件依据，又脱离基层实际。比如，考核要求帮扶干部每月入户帮扶不少于一次，家庭医生每月入户走访一次，重量不重质，一线扶贫干部只好处处留痕，追求政绩可视化，影响了扶贫工作质量。一些地方在考核中还要求被考核方提供相关新闻报道、照片，并必须有扶贫的字样方可认定为“实际扶贫”。基层反映，形式主义、官僚主义导致一些事情是“一个人干、两个人看、七个人在指点”。“五加二、白加黑，梦加醒、夜总会”成了基层扶贫干部的工作常态。

二是从工作方法看，抬高标准屡见不鲜。为了追求群众百分之百的

* 本文撰写于2019年。

满意度，安抚性的措施比较多，存在围着满意度做文章的现象，目标标准层层加码。调研了解到，一些市县多要求产业扶贫项目覆盖全部贫困户，但实际情况是，大部分贫困村因病因残致贫率超过 60%，不少贫困人口丧失劳动能力，产业扶贫无法做到全覆盖。为了“创造条件”落实，基层扶贫干部只能为没有产业发展能力的贫困户谋划“代种、代养”等产业项目，产业扶贫变成了简单发钱。还比如有的省里出台健康脱贫政策，一些市县自行抬高标准，标准明显高于省里，产生了较大隐患。标准提高后，贫困群众胃口被吊高，很难再降下来，也引起“边缘户”的攀比；同时增加了财政负担，容易形成政府债务。对贫困户过高的帮扶资助，竟使个别地方出现“嫁人就嫁贫困户”的择偶观。

三是从动力机制看，扶志扶智尚未成势。简单地给钱送物，忽视贫困群众的主体地位，没有充分调动贫困群众参与脱贫攻坚的积极性和主动性，在一些地方普遍存在贫困户动力不足、自主性不强等问题。扶贫与扶志扶智相结合的帮扶机制还没有真正形成，还需要下大功夫解决。很大一部分人对生活缺乏目标，消极等待思想严重，加上文化素质普遍不高，缺少技能和技术。精神贫困和素质贫困相互作用，形成恶性循环，产生了诸多“懒汉”。甚至个别地方出现了“靠着墙根晒太阳、等着别人送小康”的现象；还有个别贫困户认为国家支持、干部帮扶是理所当然，缺乏自力更生精神。有的扶贫干部帮助打扫卫生，帮扶对象站在一旁说风凉话：要扫干净，我不满意，你就挨批。

四是从空间分布看，深贫、特困任务艰巨。脱贫攻坚的主要难点是深贫地区和特困群体。“三区三州”和中西部地区 169 个深度贫困县是中央确定的深度贫困地区。“三区三州”贫困人口大多是脱贫能力比较差、处于极端恶劣自然条件的地区，2018 年底贫困人口 3 万人以上的县有 111 个，贫困发生率在 10%以上的县有 98 个；“三区三州”外的 169 个深度贫困县，贫困人口规模依然很大，占全国贫困人口比例较高，同时这些地方又集革命老区、边境地区、生态脆弱地区为一体。这些深度贫困地区资源相对匮乏，经济基础较为薄弱，县域经济实力弱、

“双基”建设水平滞后，产业发展能力不强、集体经济收入少等问题比较突出，按时脱贫任务艰巨。对于全国普遍存在的一些失能半失能特殊困难群体，各地缺乏有效的帮扶措施。特困群体的解困问题是东中西部共同面临的难题。

进入决胜期的脱贫攻坚，找准真问题，瞄准真目标，箭箭中的，弹无虚发，才是决胜的关键所在。

一是引导各级干部树立正确的世界观、价值观。官僚主义是世界观出了问题，世界观是通过“观世界”形成的，官僚主义者不调查、不研究，凭空臆断，盲人摸象。形式主义是价值观出了问题，一切为了形象，为了政绩，价值导向走偏。各级各地应按照中共中央印发的《关于解决形式主义突出问题为基层减负的通知》要求，以作风建设的新成果促进脱贫攻坚任务的硬落实。以看精准整治“简单化”“一刀切”问题，坚持因地制宜精准施策，提升帮扶措施的针对性、有效性和可持续性。以硬措施整治文山会海问题，大幅减少发文数量，控制文件篇幅，严格控制会议数量和规模。以重手段整治“形象工程”问题，坚持节俭节约求实效，杜绝好大喜功现象，牢固树立正确的政绩观，多为贫困群众办好事、做实事。以新管理整治“留痕主义”问题，除中央及省委明确要求的事项外，各地自行提出的留痕事项应一律取消，最大限度地减少填表报数。以多服务整治检查考核多问题，着力纠正多头检查考核和县乡村之间的层层互查，大幅度减少各级各部门检查考核次数，切实做到少检查、多服务。以树新风整治“迎检文化”问题，进一步强化作风建设，坚决查处迎评迎检中的违规违纪行为，防止“迎检文化”滋生蔓延。切实把各级干部的思想观念引导到“真正地对下负责就是最好的对上负责”上来。

二是坚持对标“两不愁三保障”。习近平总书记强调“既不能降低标准、影响质量，也不要调高标准、吊高胃口”。脱贫攻坚的标准，就是“两不愁三保障”。应坚持现有目标标准不动摇，锁定现有建档立卡贫困户，确保焦点不散、靶心不变，聚力解决绝对贫困问题。坚决反对拔高或降低目标标准，及时纠正急躁蛮干、消极拖延，坚决杜绝数字脱贫、虚假脱贫。特别是在健康扶贫政策上，各地应规范执行中央和省里制定的政策，不得层层加码；已经出台“加码”政策的，要稳慎有序研究提出解决办法，避免陷入“福利陷阱”，防止产生“悬崖效应”。

三是激发贫困群众内生动力。脱贫攻坚是党和国家的政策，是各级政府的责任，更是贫困群众的“家务事”。只有让贫困群众的心热起来，手动起来，摒弃“等人送小康”的心态，形成外部多元扶贫与内部自我脱贫的互动机制，抓住打赢脱贫攻坚战的关键，才能确保脱贫攻坚路上不落下一个群众。激发内生动力是一项复杂的系统工程和长期的历史任务，需要各级各部门转变帮扶方式方法，从精神上激励，扶贫与扶智扶志相结合，弘扬自尊、自爱、自强精神；从思想上引导，真正让贫困群众愿脱贫、敢脱贫、会脱贫，树立脱贫光荣导向；从外力上带动，帮助他们学政策、学文化、学法律、学技术、学技能，增强贫困群众自我发展能力。

四是主攻深贫地区和特困群体。应瞄准制约深度贫困地区精准脱贫的重点难点问题，列出清单，逐项明确责任，对账销号。把老人、病人、残疾人等特定贫困群众作为深度贫困人群，给予重点帮扶。重大工程建设项目继续向深度贫困地区布局，特色产业扶贫、易地扶贫搬迁、金融扶贫、生态扶贫、社会帮扶、干部人才等政策措施向深度贫困地区倾斜。各级财政应优先加大“三区三州”脱贫攻坚资金投入力度，对“三区三州”外贫困人口多、贫困发生率高、脱贫难度大的深度贫困地区，也要统筹资金项目，加大扶持力度，确保每一个贫困群众同全国人民一道进入全面小康社会。应在全国普遍推广山东德州、安徽亳州抓脱贫更重解困的做法，让脱贫对象真脱贫，特困群体不特困。

五是完善防范返贫机制。脱贫攻坚进入收官阶段，已经脱贫的人口占到大多数，对已脱贫人口，应继续强化帮扶，脱贫不脱帮扶、脱贫不脱政策、脱贫不脱项目。应统筹做好贫困户与边缘户的帮扶工作，对收入水平略高于建档立卡贫困户进行全面摸排、精准分析，尽快制定针对性的扶持政策。统筹做好贫困县贫困村与非贫困县非贫困村贫困人口的脱贫工作。强化扶贫对象的动态管理，加强返贫监测，对返贫户和新增贫困户及时落实帮扶措施，坚决避免边脱贫边返贫现象。做好脱贫攻坚与乡村振兴战略的衔接工作，未摘帽的贫困县，应把打赢脱贫攻坚战作为实施乡村振兴战略的优先任务；已摘帽的县，应把乡村振兴的各项要素资源，优先向出列村和脱贫户倾斜，切实巩固脱贫攻坚成果。

充分发掘乡村振兴的民间力量

实施乡村振兴战略顺天时合地利应人心，万众翘首，百姓期待。正在萌生的民间各种力量闻鸡起舞，应时而动，顺势而为，积极投身于这场前无古人、波澜壮阔的大时代建设。这是一个推进农村改革发展的新动力群体。回望40年前，按下红手印的小岗人，挑着货郎担的义乌人，偷摆地摊的章华妹，私炒瓜子的年广久，是他们大梦先觉，身体力行，成为那个时代推动经济社会发展的新动力人群。寻找发现这个群体，总结推广他们的实践创造，是一个时代凝结新动能的高屋建瓴、具有前瞻性的远见卓识。

一是热心乡建的力量。近年来，"晏阳初遗风"乍起，一大批有识有为者，热心乡村建设，他们从不同视角，采取不同方式，为改变乡村面貌发挥各自的特长，进行诸多有益的实践探索。孙君以把乡村建设得更像乡村的理念坚守，用艺术的眼光、美学的追求，从事乡村规划、建筑设计、景观造型，多年来一直坚持驻场设计，只做落地项目，充分与农民和基层组织合作，创作出许多颇具特色的典型范例，其中的标志性作品——安徽巢湖的三瓜公社，吸引十数省来此参观学习考察，该村已成为乡村旅游的热门景点，高潮期游客日达数万人。目前，孙君团队名噪社会，是各地争聘的旧村改造与新村建设的热点人才，足迹遍及许多省区市。生于沧州献县西蔡村的海归女研究生陈立雯致力于教村民做垃圾分类。她留学海外，"看过世界"后回到故乡，见到的是满眼垃圾，她亲力亲为，并与NGO环保组织合作，想闯出一条解决乡村垃圾问题

* 本文撰写于2019年。

的新路。乡村振兴留住传统文化是重要内容，以冯骥才为代表的一大批古村落保护者，到处奔走呼号，为留住世界最大的古村群落，争取政策，争取项目，争取资金，争取时间。其他诸如致力于探索农业综合发展、农村三产融合、社会化服务体系构建以及乡村非遗挖掘等方面的一大批有识之士，都在不同的领域，以独特的方式自觉推进乡村振兴，虽悄然自愿，润物无声，其能量、价值、作用、意义不可低估。留足制度空间，不予求全责备，做好监督指导，应是各级政府的责任。

二是衣锦还乡的力量。“富贵不归故乡，如衣绣夜行”。在中国传统文化中，发达之后衣锦还乡，为家乡发展贡献自己的力量是一份荣耀。衣锦还乡除了乡土情怀外，更多的是成功人士回馈家乡，投资、建厂、修路、办教育等。安徽万朗磁塑股份有限公司董事长时乾中，经过多年打拼，使公司成长为一个年营销收入达数十亿的企业。事业有成，他一直热心公益，为改变家乡教育落后的状况，捐资 5 000 万元兴建一所民办非营利学校，并计划在家乡建设一座 6 万平方米的标准厂房，发展现代农业和现代加工业，为家乡提供充足的就业岗位，打造“就业＋教育”相互支撑的可持续发展经济体系，把家乡建设成生态宜居、就业与生活和谐统一的特色小镇。帮助家乡脱贫致富一直是京东集团刘强东的心愿。他专门在江苏省宿迁市宿豫区设立了扶贫基金，补贴贫困村民和家庭；为来龙镇小学购置了多辆校车接送孩子们上下学，还设立了奖学金和图书馆。发挥好成功人士回报乡梓、建设家乡的作用，促进自身优势和家乡资源融合发展是乡村振兴的强大物质动能。

三是留住乡愁的力量。中华民族是世界上乡愁情结最浓厚的民族，每个人都有乡愁，乡愁不单是一种情怀，它更能产生巨大的力量，成为乡村振兴的助推器。从乡村走出来的一大批精英人士，“少小离家老大回”一直是他们魂牵梦绕的心愿。他们对生于斯长于斯的乡村有着不可割舍的依恋。只要条件允许，他们大多会选择落叶归根，回归故土，发挥自身优势，把先进的发展理念和科学技术带回家乡，成为支撑乡村社会，推动乡村振兴的重要力量。自古以来，乡村中的历史遗存大多是他们的贡献，皖南的古民居、山西的大院、湘赣的大屋等多是这些走出去的成功人士乡情的凝结。今天许多退休的行政人员、科技人员和文化工作者内心都有深厚的乡愁乡情，他们希望发挥自己的余热，能在有生之年为家乡作出自己的贡献，回报故土的养育之恩。但是现实中存在的种种樊篱阻碍了部分离退休人员的回流，比如户籍制度、农村宅基地制度以及乡村基础设施和医疗卫生条件的不完善等。对此，2018 年中央 1 号文件已经提出了相关政策建议：“建立有效激励机制，以乡情乡愁为纽带，吸引支持企业家、党政干部、专家学者、医生教师、规划师、建筑师、律师、技能人才等，通过下乡担任志愿者、投资兴业、包村包项目、行医办学、捐资捐物、法律服务等方式服务乡村振兴实业。”促进城市有乡愁情结者向乡村流动，政策的闸门已经打开，为他们留住乡愁的情结创造条件，让他们的乡愁情结落地生根，是乡村振兴的强大动力。

四是自我组织的力量。农民是乡村发展最主要的参与者，更是最直接的受益者。中国农业文明史就是一部一江一河的治水史，黄河流域的旱作农业与长江流域的稻作农业，都是上下游、左右岸的地理大协作，这种经过长期磨砺出的自我组织治水范例是中国农业文明的关键。在乡村振兴战略实施的过程中，应通过赋予农民权利和责任，强化村民的自主意识和发展意识，唤醒农民的参与热情，释放出农民自主发展的力量，使农民成为乡村振兴的真正主角。在山东省新泰市龙廷镇，曾经“靠天吃饭”的掌平洼村，如今成为“全国一村一品示范村”。1967 年，为彻底解决农田灌溉和村民饮水，村民自发组织，经过近 10 年的努力，建成井口直径 18 米，井深 26 米，井壁建有台阶 108 级，共用石料 30 000多立方米的古井，取名“螺旋井”。如今螺旋井不仅是一处特有的景观，更是掌平洼人发扬“自力更生、艰苦奋斗”精神的见证，同时激励着全体村民拼搏前进、干事创业。党的十九大提出乡村振兴战略以来，掌平洼人整修环山公路，打造出了观老井、住石屋、采林果、吃农饭为一体的乡村特色旅游路线。乡村振兴，根在农民。把根扎深，乡村振兴方能走得更快、更稳。

五是下乡追梦的力量。越来越多的年轻人、名校高才生甚至海归研究生正紧跟时代步伐，怀揣到乡村发展的梦想，放弃大城市的工作机会，选择扎根乡村创业，不仅实现了个人价值，也带动了农业增效、农民增收、农村增绿，成为乡村振兴一股强大的力量。全国人大代表吴彦婯便是一名投身乡村振兴的海归人才。2003 年，在美国留学的她回到重庆忠县“种柑橘”，投身乡村发展至今，吴彦婯所创立的重庆派森百橙汁有限公司已经建成标准化柑橘果园 22 万亩，免费培训果农 6 万多人次。从规划建园到引进生产设备，从组织农户到科技创新，公司形成了“从一粒种子到一杯橙汁”的完整产业链，产业覆盖带动 13 万果农增收致富。从海口市秀英区博学村走出去的大学生陈统奎辞去城市优越的工作，怀揣“再造故乡”的创业梦想，带领乡亲掘金乡村，成功改造火山林，并带领返乡大学生团队，创立不用化肥和除草剂的“火山村荔枝”品牌，销往全国，如今这个小山村已成为可游可食可住的旅游热点。“下乡追梦”是乡村振兴中闪耀着现代文明光芒的最强动力，尤其对于产业兴旺的助推，功莫大焉。

六是精神激励的力量。中国农村正在经历着巨大的变革，时代给艺术家的创造提供了丰富营养。面对中国农村的深刻改变，社会主义文艺需要以建设性的态度表现中国农村的发展，帮助人们更加深刻地理解中国农业、农村和农民。为乡村振兴战略提供情感支撑与文艺想象，是文化艺术创作者应该承担的使命。一大批文化艺术工作者正以其扎根人民、扎根生活的创作精神，找到自己独特的审美角度和生活发现，创作出从不同侧面反映农村生活现实，反映时代主旋律的好作品。通过文艺作品塑造出个性鲜明、富有时代精神的新农民艺术形象，培养城市受众对乡土社会、对乡村振兴的关注，激励农村群众建设乡村的信心与热情，形成全社会共同发力振兴乡村的氛围。电视剧《青恋》通过讲述以林深为代表的主角们在新农村建设中如何奋斗、如何实现个人价值与国家和时代的梦想有机结合的故事，将农村一二三产业融合发展，支持和鼓励青年回乡创业，加强农村基层党组织工作等乡村振兴战略的重要任务，有机融入剧中。中央及各省电视台不断推出的一个个反映“三农”题材的热播剧，从不同侧面给人们以激励鼓舞，成为乡村振兴的强大精神动力。

七是公益组织的力量。社会公益组织是乡村振兴战略实施中的有益补充，社会公益组织最大的特征是非营利性。社会公益组织参与到乡村振兴中来，能够发挥其在农村经济发展、民主政治建设和传统文化传播等方面作用。以“服务农村社区、推进村社发展”为宗旨的中国村社发展促进会（简称村促会）成立20多年来，一直致力于为各地“村官”提供学习、交流的平台，为各地村庄提供资源互补、合作发展的机会。近年来，村促会发起实施了“红石榴”帮扶项目。通过强村带弱村等方式，帮助少数民族以及贫困地区基层干部，到经济强村、文化名村实地挂职学习、培训交流经验；通过项目推进、资源共享等方式，帮助贫困村发展了特色产业，提高了贫困村庄发展的内生动力，促进了贫困村庄经济的快速发展。这些举措使强村更强，弱村快上。强村中已有两个村收入超过千亿元，五个村收入超过500亿元。数百弱村在强村带动下摆脱贫困，走上致富路。

以全新的理念、独特的视角、切实的举措，充分发掘各类民间力量参与乡村振兴，是各级决策者的使命和职责。“积土成山，风雨兴焉；积水成渊，蛟龙生焉。”不积细流，无以成江海，让每一股有志乡村振兴的力量都有用武之地，是乡村振兴的不竭动力源。

“八亿多农民，半个七频道”的局面应当改变

习近平总书记多次强调：加强党对“三农”工作的领导，坚持把解决“三农”问题作为全党工作的重中之重，坚持农业农村优先发展。落实习总书记重要指示精神，营造良好的宣传和服务“三农”的舆论氛围，是新时代“三农”工作的内在逻辑和重要组成。广泛宣传党的脱贫攻坚与乡村振兴方针政策和各地丰富实践经验，以强大的舆论支持，凝聚全社会脱贫攻坚和乡村振兴的合力，应是主流媒体的时代担当和历史责任。

近些年来农村有一种说法：转动地球的只有两个人，一个是国家领导人，一个是电视节目主持人。可见电视的影响力尤其在农村的影响力之大。尽管当下互联网的普及、新媒体的崛起对电视产生较大冲击，产生了一定程度的替代效应，但在媒体传播正由新闻时代到分析时代到洞察时代再到后真相时代演进的当下，作为官方主流媒体的电视，其影响力之大、覆盖之广、渗透力之深、信誉度之高仍是大众化媒体的主阵地、核心区。2018 年 6 月，权威调查显示，在互联网运用日益普及的当下中国，仍有 5.88 亿人从不上网，他们大都通过电视获取讯息。这个群体主要集中在乡村。全国 2017 年乡村户籍人口超过 8 亿，占比 57.65%。世界 233 个国家和地区，人口超过 1 亿的国家只有 12 个，人口超过 5 000 万的只有 27 个，也就是说中国目前农业人口相当于几十个中等国家的人口。调查显示，当下农村中 50 岁左右的人群是主要生

* 本文撰写于 2019 年。

产经营者，一方面他们获取讯息的习惯方式仍然以电视等传统媒体为主；另一方面虽有越来越多人用上手机，但上网流量资费、使用技能等因素使他们手机上网的概率远远低于城市人群。对于这么一个庞大的群体，应该也必须提供适应他们实际需要的讯息宣传和服务。但是，目前我国重要的主流媒体中央电视台却只有半个专门服务他们的频道，即半个军事半个农业的中央电视台七频道。这种状况极不适应脱贫攻坚和乡村振兴两大战略的实施，更不适应“三农”是全党工作的重中之重、农业农村优先发展的现实需要，对广大农村群众既不公平也不合理，因此应当尽快改变。

眼下脱贫攻坚与乡村振兴两大战略同时推进，这是一场旨在消除绝对贫困，消除城乡差距，消除社会偏见，实现两个百年目标的宏大战略部署。实现两个百年目标是中国共产党向全世界的庄严承诺。全面建成小康社会的第一个百年目标虽然决胜在即，但脱贫攻坚的难中之难、坚中之坚、贫中之贫、困中之困解决起来绝非易事，尤其需要媒体的强大舆论支持，造浓氛围。建设现代化强国的第二个百年目标任重道远，城乡差距的消除、社会认识的纠偏，需要循序渐进、潜移默化，更赋予媒体无与伦比的责任和使命。马克思早就指出，舆论在社会中是一种“普遍的、隐蔽的和强制的力量”，因为它如影随形、无处不在，对社会的影响力、左右力是其他力量不可比拟的。它不是社会经济发展进步的决定力量，但一定是不可或缺的推进力量。

电视台作为当今时代最具权威性的主流媒体之一，理应肩负起时代的担当，创新思维，开拓进取，克服亲城市、远农村，亲强势、远弱势，亲时尚、远文化，亲富人、远穷人的现象，进一步聚焦两个百年奋斗目标，关注 8 亿多农民的所思所盼、所感所愿，切实为他们做好服务。

据调查，目前全国已有 9 个省级电视台开播了专门服务“三农”的专业频道，他们分别是吉林乡村频道（2001 年开播）、山东农科频道（2000 年开播）、河北农业频道（2005 年开播）、河南新农村频道（2006

年开播)、陕西农林科技卫视（2008 年开播)、湖北垄上频道（2012 年开播)、内蒙古农牧频道（2016 年开播)、黑龙江公共农业频道（2016 年开播)、江西公共农业频道（2018 年开播)。这些省区高瞻远瞩，开播专门频道切合省情、顺应需要。到 2017 年，除上述 9 个省区外，其余各省区市农村户籍人口及占总人口的比例情况是：山西 2 189 万人，占比 59.15%；辽宁 1 821 万人，占比 41.7%；甘肃 1 690 万人，占比 64.38%；青海 357 万人，占比 59.76%；福建 2 042 万人，占比 52.22%；浙江 3 054 万人，占比 54%；湖南 4 551 万人，占比 66.5%；江苏 3 107 万人，占比 38.7%；安徽 4 315 万人，占比 69%；广东 3 918 万人，占比 35.08%；海南 524 万人，占比 56.63%；四川 5 471 万人，占比 65.9%；贵州 2 250 万人，占比 62.85%；云南 3 091 万人，占比 64.4%；北京 811 万人，占比 37.4%；上海 1 056 万人，占比 43.7%；天津 507 万人，占比 32.6%；重庆 1 783 万人，占比 58%；新疆 1 479 万人，占比 60.5%；宁夏 405 万人，占比 59.4%；广西 3 359 万人，占比 68.77%；西藏 240 万人，占比 71.31%。

22 个省区市中有十个农村户籍人口占比超过 60%，只有辽宁、广东、北京、江苏、上海、天津六省市占比低于 50%，但即便占比最低的天津农村户籍人口也高达 500 多万。如此偏斜的结构，如此庞大的群体，又是如此依赖电视的生活方式，没有专业服务的电视频道，乡村世界靠什么融入外部文明，现代化又怎样走进农民的生活!

为此，我们建议，作为“社会公器”的主流媒体电视台，各省区市都应开辟专业频道为这个庞大的群体做好专门服务，这应成为一项国家制度，以硬措施从国家层面强力推行。

特困老人群体的解困之道

据有关调查显示，我国现有失能半失能特困老人超过 4 000 万。这一群体不分城乡、不分区域、不分贫富，普遍存在。贫与困是一对孪生体，脱贫不易，解困更难。脱贫攻坚，所攻之坚有二：一是局部地区的深度贫困，需要综合施策，长期发力；二是整体面上的特困需求，只要方法对头，立马见效。脱贫攻坚战略实施以来，各方力量主要聚焦于局部地区的脱贫，对于整体面上的解困问题尚未引起足够关注。目前，我国绝大多数地区在扶贫工作中普遍面临的坚中之坚，难中之难，就是解决特殊困难群体的特殊需求问题。据山东省德州市调查，在建档立卡贫困户中，失能半失能人口占 85%，其中更以孤寡独居、残疾、精神疾病、瘫痪、失明人员居多。他们人穷、身残，生活无助，长期以来只得到一些经济上的救助，生活上精神上都远离社会。历史在他们身上停留太久，如何解决这类人群的特困需求，提高他们的生活质量，让他们跟上时代，是扶贫工作眼下最需要关注和最难攻取的“坚中之坚”。

为了破解这个难题，山东省德州市下属的乐陵市摸索出“村级扶贫专岗”的新模式，实践反馈良好，解困效果显著。这一模式设计巧妙，简便易行，投入小、效果好，可复制、能推广，是一条脱贫解困的好路径。

主要做法

乐陵市“村级扶贫专岗”2017 年 4 月始于该市西段乡，后在全市

* 本文撰写于 2019 年。

试行，由最初设置的202个岗位试行扩展到现在的433个，服务贫困户1 209户，1 866人，覆盖有帮扶需求人口的80%以上。项目运行至今，进展顺利，管理运行和资金保障等方面都未遇到明显难题。现已在德州市及山东省全面推行。其主要做法是：

1. 采用政府购买服务的方式，雇佣有劳动能力和服务意愿的贫困户，就近帮扶需要服务，而且希望接受服务的贫困户。“村级扶贫专岗”是为有劳动意愿但劳动能力较弱或因其他原因不能外出务工的人员，专门开发设置的就地就业岗位。在岗人员集护理员、代办员、信息员于一身，为深度贫困的老弱病残幼群体提供生活照料、就医护理、代办事务、情感疏导等有偿服务。一个在岗人员每天工作1个小时以上，服务3～5人，由政府发放补贴15.5元（根据当地最低小时工资标准折算制定）。既为有能力的贫困户提供了岗位，又为需要帮助的特困户提供了服务。

2. 政府搭台牵线，在自愿的前提下，通过互选的方式完成服务对接。实现服务对接分三步：第一步，排查摸底，筛选出贫困户中愿意服务和需要服务的具体人员；第二步，对上岗人员进行培训，并签订劳动协议；第三步，在村干部协调下，让服务和被服务人员互选对接。政府提供平台、资源、信息，事先牵线、事后考核，双方自愿互选，既保证了项目的有序推进，又尊重了参与主体的主观意见。

3. 政策资金和社会资金多元注入，放宽上岗年龄限制。项目前期设置的200多个岗位，主要由上级下拨的就业扶贫基金承担，但该资金的使用有政策限制，只能聘用法定劳动年龄人员。为了让超过60岁的贫困户也有上岗机会，乐陵市采用多元资金（就业扶贫资金、慈善捐助、社会捐助、村集体经营收入等）共同注入的方式，保障项目的顺利运转。

经验及价值

乐陵市的扶贫专岗项目创造了“穷帮残”“穷帮病”“穷帮弱”的扶

贫新模式，激发了贫困群众的主观能动性，解决了脱贫攻坚中攻什么、怎么攻的问题，一石多鸟，成效突出。十个方面的有机结合极具推广价值。

1. 合适的人与适合的事有机结合。服务特困人口的特困需求，并不属于什么高大上的事业，是“草根”阶层就能完成的“小事”。同为贫困群众，又是乡邻，专岗人员与服务对象的生活相似，情感相近，语言相通，他们交流顺畅，服务起来更为贴心，这就是找到了合适的人。同时，多数贫困户身体条件欠佳或缺乏劳动技能，其他从业机会不多，不出村照顾比他们生活更贫困的人就是在做适合的事。西段乡西崔村贫困户李书章，因患软骨病自小无法从事重体力劳动，但干起帮扶工作得心应手，没事还能唱上两首小曲儿，顺利地照顾了 4 个同村特困户。

2. 脱贫与解困有机结合。扶贫专岗每天至少有 15.5 元的补贴，有劳动意愿的贫困户可以通过自己的劳动每年获得四五千元的收入，基本可以解决脱贫问题。同时，专岗人员的服务又解决了比他们更困难的群众的生活问题，使老有所养、弱有所扶、病有所助、困有所解。既实现了上岗人员的就地就近自立脱贫，又能够帮助特困人员排忧解难。

3. 家庭养老与社会养老有机结合。有关调查显示，95%以上的老年人选择居家养老。但一些居家老人缺少自理能力，需要社会的帮扶。扶贫专岗由政府花钱买单，为生活困难的老年人提供上门服务，使老人们既不用离家，又得到帮扶，还增加了沟通、丰富了社交，实现了家庭养老与社会养老的有机结合，探索出一条农村居家养老服务的新模式。

4. 服务他人与提升自身有机结合。为提升专岗人员的服务水平，乐陵市已经免费开展家政服务、养老护理、月嫂培训、卫生护理等各种技能培训 160 次。上岗的贫困户通过接受培训学会了生存的技能，既学到了知识，又帮助了别人，而且在帮助别人的同时，也改变了以往生活邋遢、行为懒散的不良作风。自己的生活质量和素质不断提高。一些人在培训过后，还能进城务工，通过做月嫂、家政等工作获取报酬，提升了个人价值，得到了自我认同。

5. 扶智、扶志与扶制有机结合。岗位培训的内容涉及生活的方方面面，上岗人员在学习技能的同时，也能丰富知识、开发智力。他们通过劳动换取报酬，靠着“手艺活儿”，赚的“辛苦钱”，不但锻炼了能力，还树立了信心、赢得了尊重，激发了依靠自身劳动脱贫的主动性和能动性。同时，在扶贫专岗创建过程中，相关制度体系不断完善。相继制定了实施办法、考核办法，明确了聘用标准，完善了资金使用程序，逐步建立起一套相对完整的制度体系，使这项扶“智”、扶“志”的扶贫工作有了可持续的制度保障。

6. 花小钱与办大事有机结合。“村级扶贫专岗”项目所需资金主要用于扶贫专岗工作补贴和岗前培训，数量不多。按照目前的标准，每个岗位每年只需 5 000 元左右。也就是说，每年用不到 200 万的资金就可以解决全市 15 个乡镇的扶贫难题，实现 400 多人脱贫，1 800 多人解困。这是名副其实的花小钱办大事。

7. 开发就地就业与开发家园红利有机结合。在贫困户中，有些人具备一定的劳动能力，但上有老、下有小或出不了门、进不了车间、干不了重活，很难就业。扶贫专岗为他们提供了自食其力的岗位，让有需求的人能够就地就近就业脱贫。上岗人员在获得劳动机会的同时，为其他村民送去关怀，提供慰藉，促进了邻里互动，重新激活了原本就产生于农村熟人社会的凝聚力、向心力、辐射力和归属感。互帮互助、扶贫济困的生活气氛，也提高了群众的幸福指数，让所有村民都享受到家园红利，如此往复，形成一个良性循环，使家园红利不断累积，醇厚古朴的民风由此得以重现。

8. 激发个体活力与激发群体活力有机结合。扶贫专岗人员在劳动过程中实现了个人价值，激发了个体活力，精神风貌大大改变。村民们亲眼见证他们从“不敢见人、不愿见人、自觉低人一等”的贫困户转变成自力更生、笑语常开的爱心帮扶工作者，自然也会产生改变的信心和动力。这种发生在身边的鲜活案例最容易散播传递，激发群体活力。而活跃的群体氛围同样可以带动个体的生活热情，个体和群体互相影响，最终提升起整个乡村的精神风貌。

9. 创设公益专岗与弘扬孝善文化有机结合。设置扶贫专岗是政府的公益行为，体现了党和政府对贫困群众的深切关怀。同时，通过配套工作的宣传和定期活动，向社会传递了尊老敬老的孝善信息，弘扬了传统美德，增强了群众的敬老意识。据称，扶贫专岗工作开展以来，孝亲敬老成为风气，老人得不到赡养的现象基本杜绝。政府在润物无声推行公益的同时，潜移默化弘扬了孝善文化，实现了官方和民间正能量的有机结合。

10. 脱贫攻坚与社会治理有机结合。专岗互助扶贫工作的推行，树立了政府威信，增加了官民沟通，大大推进了乡村治理的有效性。村干部普遍反映，扶贫专岗工作开展以后，村里的其他事情也好办了，工作更容易推进了。村干部通过扶贫专岗找到了扶贫攻坚的着力点，有了成就感，工作热情得到提高。同时，通过对这项工作的不断完善，还强化了治理体系，丰富了管理制度，体现出自治、法治、德治的有机结合。据当地政府反映，2019 年以来，推行扶贫专岗的村庄，均未发生治安问题，上访申诉事件也明显减少，农村文明程度与自治能力显著提升。

几点建议

山东省乐陵市的“村级扶贫专岗”模式是基层的又一次创新创造。其重大意义就在于它瞄准了脱贫攻坚中普遍存在的解困难题，以简便易行的方式攻取难中之难、坚中之坚。为让这一成功范例发挥出更多功效，我们建议：

一是国家有关部门应组织专家组在此基础上帮助继续完善和细化标准，建立健全制度体系和制度评估体系。

二是将这一制度延伸到城市，解决城乡特困群体的特殊需求这一公益专岗作为政府的基本职能制度化，在全国普遍推行，并将该项目所需资金列入财政预算，建立长期稳定的资金保障机制。

三是应根据实际情况适度增加服务时长，为特别困难的贫困户提供更全面的服务。

四是借鉴安徽省亳州市的经验，把全面失能的老人集中到乡镇卫生院或乡镇养老院，由市财政出资，医养结合，解决他们人生路上最后岁月的生活质量和生存尊严问题。人在面临出生与死亡两大关头的时刻都能在医院度过，是社会文明程度的基本标志，应成为政府的政策目标。

后脱贫攻坚时代的组织力创新

后脱贫攻坚时代，扶贫开发将由突击性、紧迫性、特殊性工作转入常规性、持久性、制度性工作。现有组织体系需要应时而动，调整完善，通过提升“组织力”提供制度保障。

由于扶贫工作涉及诸多行业领域，在脱贫攻坚期层层使用超常规的行政手段，还可以促使这些部门之间各尽其力、统筹推进，但超常规、大动作不可能一直坚持使用，一旦进入常态化制度化工作，就需要有一套新的组织形式，形成新的组织能力。2020 年后，随着现行标准下的农村贫困人口全部脱贫，扶贫工作将由解决原发性积累型绝对贫困，转入解决次生性新增型相对贫困的新阶段，工作重心也将由“减贫”转为“减贫”与“防贫”并重。当前，扶贫资源的碎片化管理体制与扶贫过程整体性推进的要求之间的矛盾，远不适应新时期工作。届时，亟须整合优化各部门的扶贫职能，制定科学、长远的扶贫综合治理规划，重构组织力。

明确对象

在人类社会实现大同之前，只要国家存在，解决贫困问题就是一个永恒的课题。2020 年，我国统计意义上的收入型贫困人口全部实现脱贫后，新的帮扶对象将在新的标准下被识别出来。明确新的帮扶对象范围，必然需要有新的识别标准、新的识别制度、新的识别方法，对此，

---

* 本文撰写于 2019 年。

应着力抓好四个方面：

一是科学划定低收入人口识别标准。基于2020年后绝对贫困人口已经全部脱贫，帮扶的主要对象是相对低收入人口，应根据低收入人口地域分布、城乡分布及人群分布制定相应标准。如针对地域分布，可按东部总人口数的5%～10%，中部总人口数的10%～15%，西部总人口数的15%～20%，由国家确定各地区的帮扶人口指导数，再由各地根据相对低收入人口的总量来确定差异化的识别指标。为避免再次出现指标分解式的识别，各地确定的低收入人口指导数只应作为参考数字，不应作为强制要求，为基层留足制度的弹性空间。

二是完善多维度的综合识别指标体系。现阶段“两不愁三保障”涵盖了收入、教育、健康、住房这四个维度。但每个维度下并未对维度指数进行详细定义，应根据时代变化，把教育、健康、生活水平、制度环境等作为新的维度指数重新定义。在教育维度方面可以设置学历水平、受教育年限、幼儿入托、技能水平、获取信息水平等指标；健康维度方面可以设置医疗保险、及时就医、医疗花费等指标；生活水平维度可以设置住房状况、饮水方式、排污方式等指标；经济水平维度可以设置收入状况、就业状况、财产占有及资源占有状况等指标，通过多项综合指标来进行帮扶对象判定。

三是建立自下而上的识别体制。2014年我国开始全面实行扶贫对象建档立卡，采取的是自上而下分解指标式的识别体制，导致识别不精准的现象存在。逐人逐户识别新的帮扶对象，把基层识别作为整个识别工作的起点，再辅以上级部门对识别结果及时进行“回头看”和专项检查，杜绝基层在识别过程中优亲厚友、虚报数字的现象发生，建立健全一套自下而上精准识别制度，确保公共资源和扶贫资金不被浪费。

四是实施低收入人口分类管理。现阶段的扶贫对象统称为建档立卡贫困户，享受着同样的扶贫政策和措施待遇，导致一些贫困户坐等政府大包大揽，掉入“福利陷阱”。还有一些边缘户由于未能达到贫困户的识别标准，结果生活水平反而被贫困户甩开，造成“悬崖效应”。为此，有必要在 2020 年后对低收入人口进行分类管理，根据贫困程度来决定政策支持力度。同时，针对不同原因精准施策，比如需要教育资助的就享受教育资助类帮扶，需要健康医疗类资助的就享受健康类帮扶，避免政策泛福利化。美国就把社会人口划分为非贫（年收入高于贫困线 2 倍以上）、近贫（年收入高于贫困线 1～2 倍）、贫困（年收入低于贫困线以下）和赤贫（年收入低于贫困线的 50%以下），并根据不同的分类享受不同的社会福利政策。同时，对于已超过保障标准的低收入人口要及时销号，防止出现新的不公。

设立一署

2018 年底，全国共有城乡低保对象 4 619.9 万人，特困供养人员 483 万人，二者相加享受低保五保政策的人员超过 5 000 万人，达到一个中等国家的人口规模。从历年情况看，这一群体常数大体在 5 000 万～6 000 万之间。针对这一庞大群体，应将现有多个部门的扶贫职能优化整合，把保障与发展的职能分开，在国家层面设立城乡基本生活保障署，专司保障。省市县乡同时设立相应机构。保障部门的主要职能就是进行保障标准的确定和保障对象的识别，以及从保障对象里找出有发展能力和意愿的群体。对于没有发展能力的群体，由保障部门安排兜底类措施，保障其基本生活。现由民政部门、扶贫部门分别开展的困难群体、扶贫对象认定工作，以及由民政部门负责的低保、五保、残疾人生活补贴、残疾人护理补贴、临时救助等保障类措施的实施工作，应当统一归口到保障部门管理。对于有发展能力和意愿的群体，由个人申报，经保障部门审定，分送各职能部门因人施策，帮助发展。

实行保障与发展的职能分离，一是避免“戴上一顶贫困帽，什么好处都拿到”的万众一策、大水漫灌。抓住致贫主因施策是精准的关键。二是避免脱贫与致富混为一谈的脱离实际、浪费资源。脱贫需要应保尽保，致富只应瞄准有发展能力和发展意愿的群体。追求家家发财、户户致富，只能是资源白投、功夫白下。三是避免政出多门，人负多责的力量分散、职责不清。让专业的人做专业的事，职责清晰，力量集中，事半功倍。四是避免送政策、送项目、送资金上门“要我富”的被动推进、外因主导。通过个人申报，帮扶对象从“要我富”变成“我要富”，积极性主动性得以发挥。五是避免资源配置失衡的畸轻畸重、人治低效。资源分散化导致治理碎片化，通过由运动式、突击性向常规化、制度化转型，有效杜绝资源配置中重叠与空白并存，过度与不足同在。

实行两并

一是两线并一线。长期以来，低保线和扶贫线互相交叉。虽然国家一直在推动两线合一的衔接工作，但是实际操作中仍存在识别标准不一致、退出程序不一致、帮扶手段不一致等“两张皮”现象。在具体工作对象、工作内容、工作重点等方面，并没有实现真正的有效衔接。实行两线并一线后，不需要对贫困户和低保户再进行重复认定，对贫困人口进行统一识别，统称低收入人口。

二是两制并一制。目前的扶贫治理体系采取的是城乡分割的治理模式，扶贫工作的重点在农村贫困人口。截至 2018 年底，我国共有城市低保人口、特困供养人口 1 033.7 万人，但加上常住人口中的困难群体，数量远超千万。城市贫困人口一旦无法工作，极易陷入“赤贫”状态。十九大报告提出城乡融合发展，构建城乡融合的贫困治理体系，改变贫困问题的城乡分治，把当前解决农村贫困问题中行之有效的政策举措、工作机制等运用到解决城市贫困问题中，应是后脱贫攻坚时代的总体制度框架。

做好三加

一是统一加分散。所谓“统一”，即将原扶贫开发领导小组更名为城乡低收入人口社会保障与创业发展领导小组，强化其统的职能，制定出覆盖全民、统筹城乡、权责清晰、保障适度、可持续的多层次社会保障体系，以及教育、卫生等城乡平衡的一体化制度设计和实施方案，加强工作协调调度，每月召开一次例会，统筹各职能部门工作，做好与实施乡村振兴战略的有机衔接。领导小组下设办公室，城乡基本生活保障署加挂领导小组办公室牌子。所谓“分散”，即各职能部门围绕低收入人口的帮扶任务各司其职，各尽其能，合力推进，实现目标。各职能部门都应以新的制度建构与供给机制，变“政府端菜”为“群众点菜”。

二是政府加社会。一个时期以来，一些社会组织、非公有制经济和民间力量投身脱贫攻坚成效显著。但总体上看，目前非官方组织的扶贫力量仍然微弱，与政府组织实施的帮扶项目之间未能形成有效补充。在国外，社会组织在扶贫领域发挥着极其重要的作用，其参与帮扶的方式比政府行为更加灵活。我国的民间组织与国外相比普遍存在资源不足、能力不足、自治力不强、发展不平衡等问题。后脱贫攻坚时代，应加大力度为民间组织创造有利于他们发展的社会环境和法律环境。一方面鼓励和培育一批专业化的NGO，减少对这些NGO的政府干预，给予其政策上的支持，保持这些社会组织运行的独立性和稳定性。另一方面，政府通过购买服务的形式，选取一部分综合实力较强的NGO，委托其具体实施扶贫项目，但要坚持其非营利性质，杜绝逐利资本进入。

三是普惠加特惠。一方面，制定一系列针对低收入人口的普惠政策，通过政策体系使低收入人口在基本生活方面得到保障。同时，由于宏观发展类政策往往对低收入人口存在“挤出效应”，应当在发展方面出台有针对性的特惠政策，让低收入人口在享受普惠政策的同时，还能吃上特惠政策的小灶。另一方面，在制定地区发展政策时，特困地区往往由于历史和自然原因基础弱、欠账多，基础设施建设水平远远落后于发达地区。需要针对特困地区的基础设施建设以及公共服务方面继续出台特惠政策，在解决共性问题的基础上，满足个性需求，避免出现资金项目“排排坐分果果”的现象。同时，对于全国 4 000 万左右的失能半失能特殊困难老年群体，应推广山东德州和安徽亳州的做法和经验，解决好他们的基本生活需求。

乡村社会的“变”与“不变”

亘古以来，世界唯一不变的就是“变”。语出《礼记·大学》的“日新月异”一词，是古人形容事物变化之快的典型用语。如今事物变化的速度已经远远不能用“日新月异”形容，“时新日异”，甚至“秒新分异”的事情已经层出不穷、屡见不鲜。方方面面纷纭复杂的急剧变化使人们眼花缭乱、手足无措。特别是信息滞后的亿万中国农民，让突如其来的种种变化冲击得晕头转向，常常为之惶惑不安，世界观、价值观、人生观三观模糊，方向感缺失，不知如何应对。新的历史条件下，乡村社会哪些该“变”、哪些不能“变”，是实施乡村振兴战略必须梳理清楚、把握准确的一个重要课题。

一是思想观念要变，但“三农”是重中之重的价值取向不能变。如今，越来越多的农民认识到不能靠“一亩三分地”实现致富和改善生活条件，他们渴望走出农村享受城市生活，他们的就业空间和就业观念也随之改变，这种改变汇聚起古今中外史无前例的人口大迁徙，助推中国经济实现快速崛起。但在加快城镇化进程中，也存在诸多认识上的误区，甚至背离了城镇化的本意。城镇化的本意是你不管在哪里生活，都能享受到和现代城市基本相仿的公共设施和公共服务。历史经验显示，所有发达国家都不是以牺牲农村为代价而实现城镇化的，城乡发展都是一体化的。今天，我们必须回归理性认识，摒弃“唯城镇化”的城镇化，抛弃从事农业就低人一等的传统观念，建设好美丽乡村，真正打破城乡二元制度，实现城乡融合发展，让农村成为令人向往的地方，让农

---

* 本文撰写于2019年。

民成为令人羡慕的职业，这才是我们追求的城镇化。在这个过程中，不管农民的就业空间如何转换，“三农”是重中之重的观念都需要坚守，“三农”的巨大价值绝不是用产值、收入这些数字指标所能衡量的。美国前农业部长与环球时报记者的对话，语惊四座：你要吃饭吗？那么农业就很重要。一日三餐，人人需要，这是铁律。农业的重要性是人类永恒的主题，对于中国这样一个人口大国、农民大国、农业大国、农村大国而言，“三农”任何时候都是重中之重。14 亿张嘴，不端牢饭碗，随时都会出大事。

二是生产方式要变，但是遵循生态规律的路径不能变。现代科技手段和生产要素在乡村的普及程度越来越高，化肥、农药等现代要素早已在农业生产中广泛应用。近几年，甚至连手机都成了农民的“新农具”，农民用手机可以做很多事情，甚至包括田间管理。但现代要素在深刻改变农业生产方式和农村生活方式的同时，也为“三农”发展带来诸多发展隐忧，对“石油农业”的过度依赖，加剧了土壤退化、环境污染和农业资源的掠夺式开发，这种模式难以为继。现在，中国农业到了必须加快转变生产方式的阶段，到了必须重新思考发展模式的时候，遵循自然生态规律，继承和发扬中国传统的天人合一、道法自然思想，让动物、植物、微生物“三物思维”的理念深入人心，中国的农业才有未来。从逻辑上看，植物是生产者，动物包括人是消费者，微生物是分解还原者，它把动植物的残渣废料包括人畜粪便分解还原再作为植物肥料进行下一轮生产。没有微生物的参与，便没有农业的生态循环。变“二物思维”为“三物思维”，是我们建设绿色农业、有机农业、生态农业、循环农业的关键，也是提高农产品质量，推进农业供给侧结构性改革的关键。

三是生活环境要变，但小桥流水人家的大格局不能变。文明不文明首先看环境，优美整洁的生活环境是现代文明的重要标志。乡村生活环境要变首要一条就是要治理“脏、乱、差”。室内室外，房前屋后，路塘沟渠，村户环境保持整洁、干净、卫生，尤其应大力推动“厕所革命”。厕所虽小却是大民生。纵观全球，厕所问题是大多数发展中国家面临的共同难题。印度有 7 亿多人没厕所，莫迪在任期内给全国人民的承诺就是要建 1.1 亿座厕所。联合国世卫组织曾把厕所定义为世界上最廉价的医药。习近平总书记对厕所这一民生难题曾多次提出推进“厕所革命”，足见改变乡村生活环境的重要性。但乡村环境要变，不能一变就变成像城市一样的高楼大厦，而应该突出“小桥流水人家、粉墙黛瓦篱笆”的独特个性、独特魅力。乡村就是乡村，生活环境再变，也不能丢掉乡土特色，也要适应生于斯长于斯的农民生产生活需要。乡是城的基础，没了乡也就没了城。城与乡就像一对夫妻，有男有女，各有分工，各司其职，改造乡村绝不可以城市为蓝本施行“变性术”。

四是生活方式要变，但是勤俭节约的传统美德不能变。年轻一代农民都追求时尚、追求城市的生活方式，曾经的“杀马特”，今天的“漂一代的轻生活”，很多是来自农村的打工青年。这本无可厚非，但对“油腻”“佛系”“漂一代的轻生活”等城市非主流亚健康生活方式的过度追崇，就需要深刻反思了，将会带来一系列社会问题。因此，跟风、追星、赶时尚的新生代农民，千万不能被城市灯红酒绿的环境迷醉，一味追求“今朝有酒今朝醉”的过度消费、消极生活的浪漫日子。勤俭节约是中华民族世代相传的传统美德，尤其在今天，对于一个有着巨大资源约束的人口大国而言，勤俭节约是每个公民的社会公德，你花的是自己的钱，浪费掉的却是全社会的资源。某富商掉了一块硬币在地上，年老难以弯腰捡起，别人帮他捡起，他奖给别人一百元钱，这里透现的就是勤俭节约美德，再富也要坚守。

五是小农思维要变，但是养老育小的责任义务不能变。小农思维就是自给自足的思维。随着社会分工越来越细，社会化服务也越来越发达多样，自给自足的经济自循环模式不符合市场经济原则，必须打破。但不管服务业如何发达，人们应该担负的教育子女、赡养老人的责任和义务不能全部推给社会，社会也无法代替家庭承担责任。有些农村青年打着外出务工的旗号，长期脱离家庭，上不赡养年老的父母，下不抚育年幼的子女，逃避养育责任，只顾自己潇洒，为社会为家庭为未来留下诸多隐患。无论社会如何发达，养老育小的家庭责任和义务都必须承担，社会只能随着时代的进步多一些分担。家庭是社会最基础的细胞，维持家庭关系稳定的根本就在于上能养老，下能育小，代代传承，连大象等动物家族都能做到这一点，更何况人类。

六是文化传承要变，但传统文明的弘扬不能变。人类有史以来的文化传承方式主要靠先辈的经验积累，一代一代向后人传递，在科技飞速发展、信息大爆炸、技术化社会全覆盖的当下，文化的传承方式已发生逆转，年轻人头脑敏锐，善于接受新事物，首先掌握现代科技知识，然后再传递给老年人。回家问问儿子、问问孙子的事越来越多。虽然文化传承方式被颠覆，但几千年积淀的传统优秀文化依然闪光，不能丢失，必须继承好、发扬好。比如乡村熟人社会世代累积的“家园红利”是我国乡村最有价值的优质文化资源，所谓“家园红利”，即熟人社会长期共同生活积淀的一种社会共济互助福利。它对于资源配置、矛盾调处、邻里互助、应急事务等方面的处置，起到无可替代的作用。随着乡村人口流动的加剧，“家园红利”正在弱化，提倡、保护、支持“家园红利”的巩固，应成为乡村振兴的重要内容。

七是抱残守缺要变，但闪光的人生信条不能变。“父母在，不远游”“男女授受不亲”“不孝有三，无后为大”“三纲五常”等诸多古代人生信条，是在特定历史条件下生成的，只能代表那个时代的文明。例如在交通通讯不发达的古代，出远门要花很长时间，也没办法与家人联系，赡养父母就成了问题，今天“千里江陵一日还”已是家常便饭，尽可以远游。诸如此类的古训，放到今天就成了残缺的文明，不可循规蹈矩死守，食古不化。但有些人生信条是必须世代坚守的。如“老吾老以及人之老，幼吾幼以及人之幼”“己所不欲，勿施于人”等被国内外称为放之四海而皆准的“人类文明黄金定律”。耕读传家是中国乡村最具代表的教子方略，世代传承不曾中断的中华民族农业文明，靠的就是耕读并举。但今天不少人被当下物欲横流的现实冲昏了头脑，更愿意挣快钱，甚至入传销，也不去职业学校学一项技能。云南怒江沿线的乡村前些年到处都有“上了初中，再去打工”的标语，而现在新的读书无用论有所抬头。“知识改变命运”的信条任何时候都应坚守。今天的知识已经演变成为三个层面，可以言传的“明知识”，只可意会不可言传的“默知识”（如音乐舞蹈、书法绘画艺术等），不可言传也不可意会的“暗知识”（如大数据、云计算、人工智能等），如果连“明知识”都不愿多学，注定跟不上这个时代。

八是小富即安要变，但量力而行的方略不能变。吃饱了、穿暖了、口袋里也装满了，于是就整天从酒场到牌场，吃喝玩乐、花天酒地。或安于现状，无所事事；或四方云游，不思进取。幸福是奋斗出来的，不奋斗就不可能有幸福。物质生活富足了并不代表就幸福。奋进开拓，永不停步应是人生的追求。但陪巴菲特吃一顿午餐，陪的人就要花三千多万，世界上只有一个巴菲特；马云在商界是个神话，中国也只有一个马云。一些从乡村走出来的青年，往往找不准标杆，总想着学那些云端里的人物，结果会很惨。生命不息，奋斗不止，但一定要切合实际、量力而行，只要尽力而为就可以了。好高骛远，盲目求大，心有余而力不足，会一事无成。故乡容得下肉身，容不下理想，只好远走他乡；城市容得下理想，容不下肉身，落得无处栖身，这种“灵”与“肉”的撕裂，是当下很多农村青年的苦痛。在理想与现实中找准自己的人生定位，能干什么，该干什么，适于干什么，要保持清醒的头脑，不可浑浑噩噩。

九是陈规陋习要变，但公序良俗的遵守不能变。物质丰裕了，乡村里的婚丧嫁娶、人情礼份越滚越大，攀比之风到处弥漫。有的人就变着法子办酒宴掏别人的口袋，如小孩出生、满月、百日、周岁、每年生日、剃发、入学等都要办宴请客。有的家庭一年应付这些五花八门的人情礼份要花几万元。又如盖楼房互相比阔，你盖两层我要盖三层，你盖三层我要盖四层，总想压过别人，盖了房子又没人住，多少年的积蓄都花在房子上，如果用这些钱投资生财岂不更好。乡村脏乱差的环境见怪不怪，你乱扔垃圾他乱放柴草，公共卫生不知维护。这些都需要重构乡规民约，引导改变。但对于国家和社会，在存在与发展过程中所必需的一般秩序不能改变。所谓一般秩序即善良风俗和公共道德。某企业注册“叫个鸭子”“招只鸡来”商标，商标局以“格调不高，易产生不良社会影响”为由不予注册，企业上诉，法院判决驳回，因非主流文化中鸭和鸡有性工作者的含义，企业的这种行为就是违反公序良俗。如跳广场舞，应在不影响附近居民生活的前提下进行，强身健体也需要尊重他人。乡村中假冒伪劣产品无孔不入，农民一经发现，应拿起法律武器维护消费者权益，不能听之任之。中国乡村长期生成一个人情社会，情大于法，处理事情的一般规则是“情理法”，为人情做假证的事多有发生。今天是一个法治社会，必须坚守“法理情”的原则才是现代社会公民维护公序良俗的应尽责任和义务。

我们花了一百万年才进入青铜时代，我们只用了几十年就进入了信息时代、人工智能时代，世界还在加速飞旋。理清“变”与“不变”，把准方向，该变的力促其变，不该变的执意坚守，让亿万农民和广大农村基层干部在大变革的时代洪流中始终保持清醒的头脑，是乡村振兴的必修课。

做实“三个优先”力促乡村振兴

党的十九大报告向全党全国提出，在经济社会发展的诸多重大战略中要坚持“三个优先”的要求，所谓“三个优先”即就业优先、教育优先、农业农村发展优先。如何让“三个优先”在乡村得到充分体现，是乡村振兴的重头戏，是实现“两个百年目标”的大文章，应以浓墨重彩列入国家“十四五”规划。

以强力拓展农民就业空间做好就业优先

就业是最大的民生。农民实现就业主要有三个空间：第一空间是不离土不离乡，即在土地上就业，从事农业生产经营活动，这是目前众多小农户的主要生存路径；第二空间是离土又离乡，随着工业化城镇化加速推进，以及农业劳动生产率的提高，一些农民得以从土地上解放出来，以进城打工方式实现劳动力转移就业，2.8 亿“农民工”作为特定群体走上历史舞台；第三空间是离土不离乡，农民可以离开土地在家门口就近就地就业。

眼下，人多地少的基本国情使得第一就业空间在不断收缩，土地家庭承包经营后的 80 年代，就已形成一年 12 个月里“两个月种田、两个月过年、八个月空闲”的时间配置格局，在机械化水平大大提高，人工智能又渐入农村的今天，在土地上就业的概率更大大降低，把大批农民从土地上解放出来是现代化的重要标志。拓展第二空间主要依靠市场机

---

* 本文撰写于 2019 年。

制，当前最关键的是要创造条件，完善相关配套制度，推动以单个农民工流动为主，向以家庭为单元流动转变，安居才能乐业，而家安才能心安，心安才能稳定就业，否则不仅就业不安心不稳定，还会带来子女教育、老人赡养等一系列社会问题。拓展第三空间主要是发展二三产业，特别是农产品加工业以及为农业服务的服务业，这是拓展农民就业空间的重点发力方向。

我国农产品加工业产值与农业总产值的平均比值是2.5左右，从发达国家普遍规律看，农产品加工业产值是农业总产值的四五倍甚至更高，这方面我们的潜力巨大。我国是农业大国，农产品资源丰富，主要农产品产量居世界前列。农业的第一功能就是食物保障功能，一日三餐是铁律。中华民族五千年的文化积淀，最厚重的不是哲学，不是文学，也不是医学，而是中国人的舌尖——美食文化，炎黄子孙创造了种类繁多的美食，据专家统计，仅面条就有1 200多种，中国人的舌尖浸润了无数美食的记忆，这是世界上任何国家、任何民族都无法比拟的。我们应该立足丰富的农产品资源和美食文化，把农产品加工的重点放在开发特色美食和功能性美食上，用低端的传统产业对接高端的现代需求，这应该是我国农业发展的终极目标。特别是把美食与独步世界的中医药理论结合，开发潜力尤其巨大，目前中医药已在全球183个国家得到广泛认可，原国家卫生部早在2014年就公布了既是食品又是药品的101种物质名单，药食同源、药补食疗的中医理念越来越受到全世界的广泛关注和深刻认同，将其运用于美食开发前景不言而喻。

为农服务业同样潜力巨大。美国的农民数量约占总人口百分之一点多，但为农业服务的服务业从业人数占总人口的比例高达17%～20%。就农业经营主体而言，我国有2.3亿小农户，美国是230万左右，我们是美国的100倍。换言之，我国农民对专业化服务组织、服务体系、服务能力的市场需求比美国大得多。更何况今天的现代服务业已经分化成大众化服务、分众化服务、小众化服务和个性化服务的多种服务类型。

我国为农服务的服务业之所以发展不起来，最重要的原因是思想观念的困扰，长期存在的城乡二元制度生成了二元社会结构，二元社会结构又孕育出二元文化，人们不想涉农不愿涉农，谈农色变，都想离“农”的根本原因就在于与农沾边就感觉低人一等。这需要在制度设计上做好引导，并要长期坚持，不懈努力，才能破除根深蒂固的二元文化，推进农业服务业的长足发展。

以逐步完善乡村教育体系做好教育优先

科技是第一生产力，科技的载体是人才，人才是第一资源。乡村要振兴，人才是根本。人才培养关键靠教育。当前农村义务教育村空、乡弱、城挤，职业教育与当地产业脱节，继续教育、终身教育一片空白，应坚持问题导向，采取针对性的措施尽快改变这一局面。

从世界范围看，义务教育的两个基本特点就是就近和免费。自2001年我国推行教育体制改革后，为减少教育开支，逐步实施撤点并校，到目前为止，全国58万多个行政村中，农村中小学校数量由曾经最多时的60多万所大幅减少到目前20多万所，吉林龙井市64个村有62个没有学校。农村学生无法就近入学，义务教育制度设计的第一个初衷就不能真正实现。一些村庄即便有学校，水平较高的老师也不愿留在村校，家长对本村教育质量不满意，即让孩子到乡镇学校就读甚至县城借读，离家路途远、家人不放心，额外要花费租房、借读费成本。据调查，在乡镇就学每年增加成本为0.8万～1.5万元，在县城就学则要花费1.5万～2万元，义务教育免费的初衷也全部落空。而且，孩子在城镇就学耳濡目染接触的是城市人的生活方式，潜意识里形成的是城里人的人生观、价值观、世界观，哪里还愿意将来再回到农村建设家乡。长此以往，农村人才将成无源之水。“十四五”期间应全面落实农村孩子上学单程距离不超过半小时的政策。

眼下每县都有几所农村职业教育学校，但开设的专业多为汽车维修、酒店管理、美容美发等，仅仅只是为了培养农村孩子一技之长，让其掌握一种挣钱能力，为贫困家庭摆脱经济困境服务，而对于未来本土产业发展战略如何培养人才留住人才做长期准备，则缺乏深谋远虑。农村职业教育更应该办成为家庭发展和家乡建设"两家"服务的教育。乡村的建设发展依靠的主要对象应是本土力量，不可能完全交给别人。只有把当地人才培育起来，留得下来，乡村发展才具有可持续性。乡村职业教育应在培育农民基本生存技能的同时，从长计议，把更多的注意力放在本土产业人才培育上，围绕当地可持续发展的成长性产业，针对产业需求，花费必要的代价培养自身需要的实用人才，只有留住本土人才，才能发展壮大本土产业。如果农村职业教育只盯住眼前，为家庭培养挣钱能手，把培养的学生都输送到城市，输送到发达地区，那么未来的乡村将成为人才荒漠，农业现代化将无从"化"起。

我们正处在一个信息大爆炸、科技发展秒新分异的时代，处在分分秒秒都随时可能发生知识更新、颠覆性变革的时代，训练有素的现代城市人尚且感到跟不上时代脚步，何况平均受教育程度远不如他们的农民。对农民开展继续教育显得格外重要。推行家庭承包经营土地以来，乡村的集体活动越来越少，现代通讯技术的高度发达，又减少了农民集中开会的机会，他们获取外部文明、彼此交流互动的平台成了稀缺资源。建议在每个乡镇都应建一所免费开放的公益性农民学校，将其打造成学习宣传党的方针政策的重要阵地，传播先进文化、传授新知识新技能、培育造就新农民的重要载体。"活到老学到老"是中国人的古训，今天的知识已经分化为"明知识""默知识""暗知识"三个层面，可以言传的叫"明知识"，只可意会，不可言传的叫"默知识"，不可意会也不可言传的叫"暗知识"（如人工智能）。不随时学习新知识，并坚持不懈，持之以恒，会迅速被现实淘汰，接受终身教育才能跟上时代。美国农民每年都会为自己安排 1～3 个月时间到大学听课，不然，来年就无法经营。对于农民终身教育的路径方法政策措施等，应提上政府的议事日程。

以全面破除城乡二元思维做好农业农村发展优先

农业农村能否优先发展，关键在于发展理念的调整。长期以来重城轻乡、有城无乡、以城市为中心的思想观念不破除，农业农村就不可能优先发展。优先发展也不是喊喊口号、开开大会、发发文件就能实现的，要解决实质性问题，必须在以下几个方面拿出实招、设定指标，纳入省市县各级领导干部的政绩考核。

一是在经济社会发展的大战略中体现优先。统筹谋划发展全局，真正落实重中之重战略要求，在整体布局中一体谋划、一体部署、一体推进，使城与乡统筹发展、协调发展、融合发展，避免“两种制度”“两张皮”。

二是在城市与农村的大背景中体现优先。着眼补齐农业农村的发展短板，强化政策供给，让城市的公共设施和公共服务向农村延伸，加速打通城乡要素平等交换机制通道，推动更多的资源要素流入农业农村。应分批分期，逐步实施，围绕县城打造一小时生活圈，围绕乡镇打造半小时生活圈，围绕新村社区打造十分钟生活圈。

三是在农民与市民的大格局中体现优先。以制度完善克服权利陷阱。农民不是二等公民，通过深化改革和完善法制，推进城乡基本公共服务由形式上的普惠向实质上的公平转变，实现好维护好发展好农民的各项合法权益。

四是在三次产业大结构中体现优先。坚持把农业农村作为财政优先保障和金融优先服务的第一领域。公共财政更多向“三农”倾斜，新增金融信贷更多用于农业农村，下大力气克服 20 多年以来农业农村贷款只占全国贷款总额 5%的尴尬局面。一二三次产业中要更多支持农业，在农业产业内部要更多支持农产品加工业和为农业服务的服务业。

五是在城与乡、工与农干部配备的大导向中体现优先。坚持鲜明的用人导向，树立优秀干部向农业农村倾斜、优秀干部来自农业农村战线的导向。国家应创建中国“三农”干部学院，各省级党校加挂分院牌子，专门系统化专业化地培养省市县“三农”干部，同时，建立一套“三农”干部培养、评价和选拔任用机制，以此造就一支懂农业、爱农村、爱农民的“三农”干部队伍。

六是在主流媒体舆论的大氛围中体现优先。坚持正确的宣传舆论导向，农业农村不应该成为被忽视和遗忘的角落。主流媒体应担负起“三农”工作是全党全国全部工作的重中之重的时代使命，尤其应发挥好广播、电视、报纸、新媒体的宣传主阵地作用，在全社会营造关心、支持、重视“三农”的良好氛围。电视是农民接收现代文明的主渠道，在网络发达的现代，我国尚有 5.88 亿人不上网，这一群体主要集中在农村。在社会舆论强烈呼吁下，中央电视台已准备开播 17 频道作为农业农村的专业频道，各省区市电视台都应开播相应频道。

技术化时代谨防技术作恶

农民的化学知识是这样获取的：从咸鸭蛋中学到了苏丹红，从牛奶中学到了三聚氰胺，从猪肉中学到了瘦肉精，从水果生产中学到了催熟剂，从田间除草中学到了草甘膦……农民不知道使用后果，他们只知道在这些技术知识的帮助下可以降低成本、减少劳动、快速致富，何乐而不为！

毋庸置疑，科学技术是第一生产力，是推动人类社会发展与进步的革命性力量，每一次科学技术的重大突破，都会引起经济的深刻变革和人类社会的巨大进步。今天，科学技术已经渗透到人们生产生活的方方面面，颠覆性地改变着人们的生产方式和生活方式，乃至思维方式、行为方式。人类社会从来没有像今天这样受技术的影响如此深刻，对技术的依赖如此深入。技术正在力图左右人类的前途命运，技术化社会正以不可阻挡之势向世人走来。

技术既能为善也能作恶，在推动社会发展与进步的同时，也给人类的生存与发展带来了一系列问题。宏观层面，政府对科学技术的不合理利用，已经带来了诸如核利用失控、资源透支、环境污染、生态失衡等一系列全球性问题。核能可以发电，给人类带来福祉，但核弹可以杀人，核泄漏给人类带来巨大的灾难。美国投放到广岛的原子弹，造成十几万人伤亡。著名的“切尔诺贝利事件”，被认为是人类历史上最严重的核电事故。核泄漏让 65 万平方公里的土地沦为废墟，有科学家曾预测，核心区可能在 2 万年内都不适合人类生存。今天由互联网生成的

* 本文撰写于 2019 年。

“暗网”作恶，正在祸及方方面面，让人们防不胜防。可以通过搜索引擎和网址访问的叫“表网”，与“表网”对应的就是“暗网”，它是通过非公开机制形成的网站，普通搜索无法访问，必须构建有针对性的“暗网”爬虫和搜索引擎或使用“暗网”所有者提供的信息对接手段。Tor服务器提供非法毒品市场交易、黑市商品交易、儿童色情、欺诈服务、政治讨论等，恐怖组织的网站都根植于“暗网”。“表网”承载的全球网络内容不足10%，其余90%都藏于“暗网”之中，由此可见“暗网”作恶之广泛深入。中观层面，企业滥用技术以获得丰厚利润，它可以摧毁一个产业，毁掉国家信誉。2008年的三聚氰胺事件，使我国奶业至今尚未恢复元气。食用河北三鹿集团生产的奶粉的婴儿被发现患有肾结石，事件引起各国的高度关注和对乳制品安全的担忧，多个国家禁止进口中国乳制品，进而使中国制造的商品信誉受到重创。在国内，刚刚兴盛的中国奶业被当头一棒，造成消费者不敢问津。到2011年中央电视台《每周质量报告》调查，仍有七成中国民众不敢买国产奶粉，此事至今余毒未消，中国奶业尚未走出阴霾。2018年中国乳制品产量2 600万吨，十年后的今天，尚未达到2007年时的3 600多万吨。我国乳品无法满足需求，只好花大量外汇进口，进口量已从2008年的38.7万吨猛增到2017年的247.1万吨，几乎相当于国产鲜奶的一半。微观层面，普通民众对一般应用技术不甚了了，应用时图方便、图新奇、图省事，导致许多技术严重干扰人们的生产生活。与互联网技术高速发展相伴而生的自媒体，使人人都可以成为信息的发布者和评论者，而自媒体的兴起又成为形形色色的不实信息与谣言的乐土。网上疯传的一组视频能够毁了农民们一年的收成，例如西瓜太甜是因为打了针，拼接牛排靠的是“胶粘碎肉”；这些网络自媒体的滥用严重误导了消费者，损伤了生产者的利益。利用网络技术实施各类诈骗更是层出不穷，花样不断翻新。2018年，我国共破获电信网络诈骗案81.1万起，同比上升35.5%，抓获犯罪嫌疑人7.3万人，同比上升36.7%。

一些被广泛应用的技术一旦作起恶来，后果更难以预测。面部识别技术已经应用在智能手机、应用程序和移动支付等多个领域。对着智能手机刷一下脸就能解锁与付款，这给很多用户带来了便捷的体验，这项技术在定位失踪人口方面同样作用巨大。这样一种可以随时随地追踪任何人的技术如果被别有用心之人利用，所有的民众将可能受到无处不在的监视，个人隐私无处可隐。基因测序技术的快速发展使得科学家们能够探知人类遗传代码的更多细节，越来越多的人类疾病遗传因素因此被发现，从而为这些疾病的治疗提供了新思路。但是，基因测序技术一旦被不法分子掌握，研制出针对特殊基因的生化武器，后果将不堪设想。

人类从青铜时代到铁器时代用了一千多年时间，今天只用了几十年便进入了信息时代，并正在进入人工智能时代。在技术发展缓慢的时代，政府可以控制技术的研发方向与应用范围、应用规模。今天，科学技术的发展速度和规模空前加剧，信息、生命、空间、海洋等领域都出现了新的突破，以集成电路、网络技术为代表的信息技术带来了通信产业的革命；基因组学、蛋白质学的飞速发展带动生物技术进入后基因时代；纳米材料技术、纳米生物技术、纳米传感技术等正逐步在高科技产业发展中显示其竞争力；航空航天、海洋技术等领域也正孕育着一系列突破。技术的研发已不在政府的掌控之中，自由度越来越大，且走在各种约束规则的前面，既有建设性成果又会造成破坏性后果。正如“未来犯罪研究所”创始人、安全专家马克·古德曼所言：“人类最早的技术应用可能就是对火的应用，用火可以烤熟食物，也可以烧毁整个村庄。相比之下，现在的技术革新速度飞快，无论人们想怎样应用科技，都变得更加容易了。”科学技术只是人类认识和改造自然的工具，给人类带来什么，取决于人们如何利用科学技术。

科学技术在应用中所产生的负面影响，有着极其深刻的原因。从思想观念看，人类高估了自身对自然的改造与征服能力，认为技术创新与进步是可以完全被人类所掌控的，人类的自大，在科技界表现得尤为明显。DDT（滴滴涕）曾是全世界人民的宠儿，被誉为“万能杀虫剂”，它使人类相信自己可以随心所欲地改变和改造地球，极大地促进了人类欲望的加速膨胀，使人类越来越贪婪地向大自然索取，但就是这一曾获得诺贝尔奖、具有划时代意义的DDT竟然是破坏生态链、毁灭动植物种群、危害人类健康的罪魁祸首，直到2004年联合国正式禁用DDT，我国于2009年5月起禁止生产、流通和使用DDT。从认知能力上看，绝大多数社会成员，一是不懂得科学技术是一个历史发展过程，一种科学理论在某一阶段正确，后来被证明是错的，或只有局部是对的，不是绝对正确的。从托勒密的地心说到哥白尼的日心说，再到宇宙无中心说，每次都是对前次的否定，牛顿力学诞生时是标准的科学，相对论的出现，它就只有局部正确了。二是把科学与技术混为一谈，“科”与“技”不分，多从功利主义、实用主义出发，以“技”代“科”，认为凡技术皆科学。科学起源于希腊，科学不满足于应用，为科学而科学。希腊人认为，越是无用的东西，越纯粹，越高贵，越是真正的科学。中国传统文化中读书多为做官，对科学的理解，多是实用主义。从价值判断看，技术已经在很大程度上脱离早期由政府掌控的公共性、普惠性，变成市场化的商品。从技术层面看，一定阶段的技术水平创造了“人化自然”，却不能完全预测该技术带来的后续效应，塑料的发明曾经使人类欣喜若狂，可现在人们却不得不为如何处理它而煞费苦心，人类面临着塑料几百年乃至上千年不能降解的无奈。英国布里斯托大学有一套“人工成熟”的人造化石实验室流程，可在24小时内利用高温高压生产出几百万年才能形成的动植物化石，这些化石就是用扫描电子显微镜检查，与真化石相比都有着很高的相似度，这项技术一旦流入不法分子手中，考古界也将面临灾难。从社会层面看，存在法律法规和制度监管的缺失、道德约束与价值导向不足等问题，导致人为因素利用技术作恶，如网上黑客攻击、利用大数据犯罪、色情诱骗等。

技术迭代创新像脱缰的野马一路狂奔，每项新技术的产生都是对法律和伦理的挑战，技术的发展如同历史的车轮一样不可阻挡，我们不可能通过限制技术的发展来实现治理，只能依靠对技术的发展方向、应用范围、规模、风险等提高警惕，适时制定新的规则，从而实现规则与技术之间的平衡，让技术向善，避免作恶。这是一个社会整体变迁中文化滞后的哲学命题，没有任何规则可以对越来越趋向无穷大的技术集实现全覆盖，但人类必须时刻保持警惕性，提高识别力，增强危机感。20世纪，一群军事政治疯子把人类拖入灾难；21世纪，必须严防一群技术经济疯子再把人类拖入灾难。

应对非洲猪瘟需要创新思维

非洲猪瘟自1912年赞比亚奇帕塔地区有暴发记载以来，已有百余年历史，其在全球流行曾出现三次高潮。第一次高潮主要局限于撒哈拉沙漠以南的非洲地区，一直持续至今。第二次高潮于1957年跨洲际蔓延到欧洲，1978年传入南美洲的巴西。第三次高潮从2007年至今跨洲际传入欧洲及亚洲。2018年8月1日，我国在辽宁省首次发现非洲猪瘟疫情，至今已蔓延到除台湾、澳门外的所有省级行政区，其发病速度之快，扩散范围之广，死亡数量之多，前所未有。尽管自20世纪60年代世界已开展研制防治非洲猪瘟的疫苗及药物，但至今尚无结果，未来何时找到、能否找到有效良方还未可知。非洲猪瘟可谓猪的“癌症”，中国的养猪业遭此劫难，如临生死存亡的紧要关头。防控非洲猪瘟，既是战术性的阵地战，又是战略性的全域战；既是当机立断的速决战，又是步步为营的持久战；既是稳扎稳打的攻守战，又是迅如闪电的运动战。保住中国养猪业成败在此一举。

与“小国寡民”不同，中国是猪的饲养和消费第一大国，“粮猪安天下”是中国的古训，“猪多肥多粮多，粮多猪多肥多”的绕口令对联是中国生态循环农业生产的警句格言。粮多是吃得饱的问题，猪多则是吃得好的问题，粮与猪对于中国人的生活是量与质的关系。中国人养猪从家庭的起源开始，汉字“家”的造字结构就是房屋里面一头猪，无猪不成家。中国人肉食以猪肉为主，世界年消费猪肉约1.1亿吨，而中国目前年消费总量约5 500万吨，占世界五分之一的人口，消费了占二分

---

* 本文撰写于2019年。

之一的猪肉。如此巨大的消费量，国际市场猪肉可贸易量不足1 000万吨，依靠进口显然是杯水车薪，只能立足现实自己解决。据农业农村部官网2019年6月12日发布的“400个监测县生猪存栏信息”显示，5月份存栏比2018年同期下降22.9%，能繁母猪存栏更同比下降23.9%。中国肉类协会会长李水龙根据公开数据估算称，“2019年，中国猪肉总产可能下降15%～20%，即猪肉总产将减少800万～1 000万吨”，而有的专家则认为总产下降可能还要比这个数大很多。2019年3月26日，山东省畜牧兽医局发布的《生猪产业监测预警报告》（2019年3月）显示，“全省33家一级以上纯种猪扩繁场种猪存栏比2018年7月下降41.2%。”作为全国排名屠宰加工第二、出栏量第四位的养猪大省山东，种猪如此锐减，后患可想而知。猪瘟突袭，猖獗蔓延，重创中国这个世界上最大的生猪养殖和消费大国的养殖业，深涉民生，广及社会，养猪受挫，肉价飙升，影响民生，进而导致社会心理恐慌，是经济问题，也是政治问题、文化问题。

疫情仍在继续，各地高度重视，国家及有关部门和各地都采取了一系列措施严防死守，成效积极。但由于疫情突如其来，又前无先例，更无药可控，为防局面恶化，确保产业安全，保障民生需求，减少社会震荡，应在政策层面探索更开阔的思路，更切实的措施，更有效的手段，更科学的方法予以应对。

一应最大限度减少“追责”带来的负效应。非洲猪瘟是一种如同农业的洪涝台风、林业的松毛线虫一样的自然灾害，其造成流行有人为因素，也有自然因素。如感染猪在48小时前就已开始排毒，等到人发现疫情时，疫区就已存在大量传染源，在这个时间差里，运出的生猪或粪便就有可能携带传染源向外扩散。这种先于疫情发现的传染是人力难以企及的。而政策的要求是“在疫情报告或者疫情瞒报问题上是坚决做到零容忍，疫情瞒报发现一起查处一起，依法依规，严惩不贷”，“瞒报”与“不知”难以界定。一些地方在具体执行时又提出具体要求，“不允许出现新的非洲猪瘟案例”“确保不再次发生疫情”，并上升为“政治任务”。这样的政策导向，使一些地方有疫情也不敢再报，或者将猪瘟变为疑似猪瘟自行处理。如此导致的严重后果是决策层对于疫情发生现状无法得知真相，更无法把控全局，以致对整个生猪生产情况也云遮雾罩，不明就里。采取高压措施围追堵截疫情，无疑是正确的选择。但是，对于非人力所及造成的新生疫情，不仅不应追责，还应给上报者表扬鼓励，这样基层才不会在“追究责任”和“政治前途”的压力下不报或瞒报，从而让真相浮出水面，以利把控全局。

二应扑杀与试治并用。由于非洲猪瘟为烈性传染，一座几百几千乃至上万头的猪场，发现一头感染必须全部扑杀，在疫情多发高发的态势下，如此被动地杀下去，猪肉供应势必难保。眼下，一些地方活猪已经涨到八九元一斤。当务之急不可坐以待毙，需要一面继续组织力量，加大投入，加强疫苗和药物的研发攻关，一面划出若干特定区域范围，试验开展中草药的治疗。中草药是中华民族的国粹国宝，不仅适用于人，也适用于家畜家禽，我国古代已经积累了丰富的治疗动物疫病的成方验方，尤其对于防控病毒性动物疫病优势突出。近现代以来，一批兽医工作者像屠呦呦那样运用现代科技致力于兽用中药的研发，卓有成效。值此紧要关头，应充分发挥他们的作用，鼓励支持帮助他们在特定区域范围开展试验治疗。

三应补贴及时足额到位。财政部、农业农村部于 2018 年 9 月 13 日发布的《关于做好非洲猪瘟强制扑杀补助工作的通知》中要求，强制扑杀补助标准暂按照 1 200 元/头掌握，中央财政对东中西部地区的补贴比例分别为 40%、60%、80%，其余部分由地方财政解决，各地可根据生猪大小、品种等因素细化补贴标准。不论东中西地区，这笔补贴无疑对地方财政都是一种压力。中国农科院哈尔滨兽医研究所猪传染病研究室主任仇华吉曾与一位西班牙非洲猪瘟专家交流，该专家认为，防控非洲猪瘟就是钱的事，把钱补贴到位，所有的防控措施才能真正落实。而眼下，补贴不能及时到位的现象在各地多有发生，造成大批养殖户心理恐慌，尤其在疫区或疑似地区，养殖户低价抛售生猪，猪贩子铤而走险违禁偷运，导致疫情在无法察觉中暗地传播。只有下大功夫，让各级补贴及时足额到位，才能让本来就损失惨重的养殖户安心放心，不致因抛售扩大传染，更不致因损失而弃养弃场。这是当下抢救中国养猪业必须付出的成本代价，各级各地绝不可以掉以轻心。一旦有着多年各种积累的养殖户改弦易辙，旧业不操，将给中国养猪业带来灭顶之灾。

四应借鉴他山之石。凡有疫情处，猪场全扑杀，我国猪肉总产量将大幅下跌，市场供应紧张已成定局。俄罗斯于2007年发生非洲猪瘟，但猪肉产量一直持续上扬，从2017年的193万吨增加到2018年的371万吨，年均复合增长率6.2%，2019年，预计总产可达390万吨，进入全球前五位。猪肉自给率由2010年的66%猛增到2018年的100%，2019年将转为猪肉净出口国。2007年至2019年，俄罗斯共发生非洲猪瘟1 400起，在疫情不止的状态下，俄罗斯如何保持生猪生产一路上扬，值得我们借鉴。据中国畜牧业协会赴俄罗斯考察团介绍，他们除建立一个自上而下强有力的兽医体系，确保顶层设计的相关政策执行到位外，最关键最重要的是建立养猪场生物安全等级制。第一等级，是所有散养的家庭养殖户，生物安全级别最低；第二等级，是圈养方式的家庭养殖户，不能饲喂泔水，和第一个等级的散户没有任何联系；第三等级，是圈养方式的猪场，饲养员只在一个场工作，不能到另一个猪场工作，除了饲养员可以接触动物，其他人员都不能接触。外面人员也不得与猪场人员在场内接触。猪场与其他场距离要超过500米。猪场人员进入猪场需要换衣服和鞋子。猪场过去一段时间内没有规定的病，不同的猪病有不同的时间规定；第四等级，在满足第三等级要求情况下，猪场的所有资源全部来源于自己的一体化公司，不与外界发生任何联系。所有饲料是高温处理过的颗粒料。所有工作人员进入猪场换一次性服装和鞋，消毒、洗澡、洗手。猪场人员和运输物料、运猪等车辆不能混用，专门服务于该猪场。俄罗斯90%一体化企业的养殖场都达到了四级生物安全等级，一体化企业因为非洲猪瘟影响产量下降不到1%。

五应在一些疫情不易传到的偏远地区，鼓励农民自养自食。猪周期是一种经济现象，一般表现为肉价上涨—母猪存栏量大增—生猪供应增加—肉价下跌—大量淘汰母猪—生猪供应减少—肉价上涨，由此周而复始，一般一个周期至少 2 到 3 年。由这次非洲猪瘟导致的猪周期内，如何尽快找到解决民生需求的路径是眼下必须面对的问题，依赖进口已不现实，只能立足自身。因此，在一些交通不便，大型运输车辆无法出入的山区丘陵，实行封闭管理，鼓励帮助农民自养自食，不失为一条救急举措。

国家已经明确要求，支持农户养猪，地方要立即取消超出法律法规的生猪禁养限养规定。一些长期致力乡村建设的有志者，如安徽农道等，探索总结出了一套干净整洁、卫生便利的小农户家庭养猪模式，应予推广。

关于农民工市民化的冷思考

近年来，社会普遍认为，农民工有着强烈的进城落户意愿，但目前的状况是尽管各大中城市不断降低落户门槛，农民工申请进城落户并不积极，户籍人口城镇化率远低于预期目标。根据国家有关部门对 1.3 万农民工抽样调查显示，仅有 21.6％的受访者表示愿意转为城镇户口，37.3％的受访者明确表示不愿意在城镇落户，其余则表示视情况再定。

近期，调研组赴福建、广东、河南、湖北等省就农民工进城落户等方面的问题与有关企业及一线农民工进行座谈交流。调研中发现，农民工之所以进城落户意愿低，从农村和城市两个角度分析，大体有如下诸种原因。

从农村的角度来说，一是农村“三权怕丢”。尽管现阶段政策规定，不得以退出农民土地承包权、宅基地使用权、集体经济收益分配权作为农民进城落户的条件，但很多农民工仍然担心户口迁出村集体后权利被收回，即使现在不收回，待二轮土地承包期满后或更长的时间，保不住政策会变，一旦没了“三权”，在城市找不到工作或收入难以维持开支，便没了退路。二是老婆孩子都在农村。目前，举家进城的农民工比例仍然较低，青壮年劳动力进城务工、老婆孩子留在农村老家仍然是农民工大军的主流，想举家迁徙，又没有那么大的带动能力。三是熟悉的人际关系在农村。农民工在城市的交际范围往往局限在本工厂或企业，且几个月最多几年一换地方，流动性很大，即使长期在外务工，世世代代聚族而居形成的血缘、地缘、亲缘关系都在农村。四是对乡村未来发展的

* 本文撰写于 2019 年。

心理预期较高。近年来，农村快速发展，特别党的十九大提出实施乡村振兴战略，农村中基础设施及公共服务的逐步完善，使农民工对未来农村发展有很高的预期，也不愿因为进城落户而放弃农村未来可能新增的权利和收益。五是叶落归根的传统观念。农民对世世代代生活的农村有着很强的归属感，穷家难舍，故土难离，即使大半辈子都在外务工，叶落归根仍是大多数老一辈农民工的选择。六是交通通讯的发达，压缩了时空距离，一些家离城市较近的农民工，他们觉得在城市上班、在农村生活，既能享受惬意的乡村环境，又有城市的工资收入，没必要转入城市当市民。

从城市的角度看，一是打工收入不高。农民工大多从事基础体力劳动，在城市属于中低收入群体，城市比农村高出几倍的生活成本，他们无力承受。二是没有购房能力。城市越大，人口密度越大，农民工越集中，而往往这些地方经济发达，房价也较高，远远超出农民工的经济能力。即使按月收入净拿 5 000 元计，一年才 6 万元，不吃不喝一分不开支，积攒二十年在中等城市也买不到一套 100 平方米的房子。“居大不易”是他们不敢奢望成为市民的重要障碍。三是社保及医保接续、廉租房等城市服务不到位。尽管社保及医保关系的异地接续和结算在地级以上城市已基本无障碍，但在区县一级仍存在很多困难。廉租房等保障性住房供应紧缺，远不能满足实际需求，大多数农民工租住房屋要花掉工资收入的一半以上。正常情况下，超过工资收入的 25%，农民工便很难承受。四是举家迁徙难度大。城市生活成本高、随迁子女入学难、老家父母需要照顾等都是农民工举家迁入城市难以避开的障碍。五是适应城市生活的能力差。传统的乡土社会是一个靠人情、诚信等维系的熟人社会，而城市的陌生人社会中人与人交往、办事靠的是契约和规则，人情淡薄、关系冷漠，再加上快节奏的生活方式，高科技的城市管理等，截然不同的社会生态让农民工很难在短时间内适应城市生活。六是一些年轻人追求“飘一代的轻生活”。他们认为人生就是要“高配”，就是要不断变换场景，打工不能待在一个地方干一辈子，要不断换岗位换城市，转了户口，人就被固定在一个城市，不自由。

从各方调查的情况看，农民工没有进城落户意愿或意愿不强的主要原因，排在第一位的是生活成本高；排在第二位的是家庭因素和生活圈问题；排在第三位的是各项政策落实尚不到位或政策预期不明朗。

推进农民工市民化工作，核心是要正确理解“城镇化”的本意和真正内涵，前提是认清城镇化发展的现状和问题，关键是找准中国发展城镇化的路子。

所谓城镇化，重点是无论在哪里生活，都能享受到与城市同等的公共设施和公共服务，而不是简单地把人集中到县以上的城市。在不少人的思想观念里，只有县以上的城才算是城，只有进入那里工作生活才算是城市人。我国的城乡二元体制，表面上是两种户籍制度，而附着在其背后的是两种不同的福利体系。尽管随着户籍制度改革的推进，逐步取消了农业户口与非农业户口的区分，城乡二元体制已经开始有了松动，但城乡居民在就业和社会福利水平等方面的不平等还未得到根本改变。推进城镇化，关键在于不断缩小城乡两种福利制度的差别，逐步建立城乡统一的户籍登记管理制度和均等化的公共服务制度，实现公民身份和权利的平等。用城乡二元思维解决城乡二元问题，只能是缘木求鱼。只有用城乡一元思维才能找到解决城乡二元问题的出路。推进农民工市民化如果还按城与乡两套体制的传统观念去设计制度、制定政策，不能做到城乡统筹，一体谋划，一体设计，一体实施，融合发展，即便人为地推进了市民化，也是不可持续的市民化。

推进新型城镇化建设，必须直面我国城镇化发展的现实问题。总体而言，可以归纳为两个现象将长期存在。一是“想来的不放、想放的不来”这一现象将长期存在。北京、上海、深圳、广州等经济发达城市，农民工有较强的落户意愿，但在未来很长时间内都很难放开落户限制；而所有中小城市已全面放开落户限制，但对农民工的吸引力十分有限。二是“一脚城里一脚乡村”的现象将长期存在。在私有制国家，土地可以自由买卖，想进城把土地一卖就走人，无牵无挂，农民与土地的关系很容易割断；而在我国公有制背景下，农村土地属集体所有，农民无权买卖，只能以承包经营权转包、出租、入股或合作。此外，农民的“三权”有偿退出也有很大障碍，集体经济发达有能力补偿的地方，农民希望从集体分得更多的利益，没人愿意退出，而愿意退出的地方集体经济落后，往往没有补偿能力。因此，公有制背景下在未来相当长的一段时间内农民与土地的关系很难割断。在城镇化建设进程中，必须充分考虑这两个长期存在的现实。

费孝通先生于20世纪80年代就曾经提出“小城镇大战略”的城市化发展思路，认为小城镇建设是发展农村经济、解决人口出路的大问题。综观当今世界，无论是在欧洲还是美国，发达国家的实践表明，小城镇才是承载人口的主体，更何况是中国这样一个人口大国、农民大国。走适合中国国情的城镇化道路，应该以城乡融合发展的新思维大力发展小城镇，将小城镇作为新型城镇化的主战场，通过政策调节、市场带动、就业吸引引导农民进入小城镇，让农民“离土不离乡”，实现就地、就近城镇化。“叶落归根”“故土难离”“衣锦还乡”是世代中国人特有的传统文化积淀，背井离乡、外出打工、抛家别子，是不得已而为之。不脱离这种深厚文化沉淀背景的市民化，才是可行的、有价值的、能持久的市民化。

城乡二元户籍制度的前世今生

我国历史上曾经出现三次城市化高潮，第一次是旨在军事防御的春秋战国时代；第二次是旨在繁荣经济的两宋时代；第三次就是改革开放以来的当今时代。今天的城乡二元户籍制度早在一千多年前的宋代就已诞生。

强盛的唐帝国虽然发达，但人口十万以上的城市只有十多个，城市管理开始按城乡分设基层组织，在邑居者为坊，在田野者为村，各设坊正、村正，尚无明确的户籍分野。但唐代户籍分编户（良民）和非编户（贱民），贱民附籍主家，可以像货物一样市场交易。五代乱局使门阀制度土崩瓦解，宋代则开始在户籍制度上一律取消良民贱民之分。为适应急剧膨胀的城市化需要，宋代打破自古以来的城坊制，按需扩张城市空间；取消宵禁，大开夜市；发展广告业，扩大商品宣传。同时放开户籍，取消市民按户籍分高低贵贱的等级制，并细化管理，人分城乡，户籍制度开始正式分为坊郭户户籍和乡村户户籍，城乡二元户籍制度由此正式拉开序幕，也标志着市民阶层正式形成。且当时还把户籍按常产占有情况分为主户和客户两种，有常产者称主户，无常产者称客户。宋代人口即破亿，占世界人口30%，10万人以上的城市达46个，首都人口过百万，当时世界最大的城市威尼斯人口也只有十万，今天史书可见名字的宋代城镇多达4 600多个。城市管理上，在十万人以上的城市主干道都设有时针专人值守报时；为防止污染空气，超百万人口的首都汴京只准烧煤不准烧柴。1077年，北宋工商税收入占70%，农业税仅占

---

* 本文撰写于2019年。

30%。发达的城市需要与之相适应的户籍管理制度。宋代百姓移居到一个地方生活一年以上，即可获得当地户籍，京城也同样如此。曾参与王安石变法的曾布对此感叹：“古者乡田同井，人皆安土重迁，……近世之民，轻去乡土，转徙四方，固不为患，而居作一年，即听附籍，比于古亦轻矣。”城乡分治从景德四年（1007 年）自首都开封首先实施。

1958 年全国人大颁布的《中华人民共和国户口登记条例》，标志着中国当代的城乡二元户籍管理制度正式问世。当时出台的法理解释是：宪法所指居住和迁徙自由，是指不违背国家人民利益下的自由，而不是不顾国家利益和集体利益的个人决定自由，所以不准随便迁移户口，不违背宪法规定。改革开放后，农民在土地上的空闲时间有了大把剩余，悄悄进城干零活增加收入，成了一些头脑灵活农民的追求。在此背景下，1984 年中央 1 号文件规定：允许农民自带口粮进城务工经商。这是 20 世纪 80 年代，中央连续五个 1 号文件中 30 多个“允许、允许、也允许”，“可以、可以、也可以”中的一个“允许”。以此为分界，农民进城经历了从禁止到限制，再到逐步走向全面放开的历程。有了这个尚方宝剑，1984 年，深圳开始实行暂住证制度，办理暂住证的条件是提交身份证、暂住地合法居住场所证明、照片两张，符合领证者还需交纳流动人员治安管理费，满足上述条件后 7 日内发证。暂住证最长时效一年，期满前十日内要到暂住地派出所重办。2003 年《行政许可法》颁布后，暂住证制度的强制性与法律规定相抵触，一直受到法律专家和社会学家的“声讨”，当年少数城市开始取消暂住证制度。2005 年部分取消暂住证的城市因外来人口犯罪率反弹而恢复该制度，有的则将暂住证换个名字，由此“居住证”应运而生。从 1007 年的城乡分治到 2007 年的居住证出现，经历了整整长达一千年的岁月磨洗、一千年的历史推演。2008 年 8 月 1 日，深圳居住证制度正式实施。与从土地所有权中分离出承包权、经营权相似，暂住证、居住证都是从户籍中分离出的一种身份证明。2014 年 7 月 31 日，国务院《关于进一步推进户籍制度改革的意见》规定建立统一的城乡户口登记制度，取消农业户口与非农业户口的区分和由此衍生的蓝印户口和户口类型，统一登记为居民户口。2015年2月25日，国家《关于全面深化公安改革若干重大问题的框架意见》及相关改革方案提出取消暂住证制度，全面实施居住证制度。暂住证作为计划经济的产物，明显带有歧视性，使农民在就业、医疗、教育、社保等方面的权利受到限制。不久，国务院公布《居住证暂行条例》，要求自2016年1月1日起开始全面实施。至此，暂住证寿终正寝，全面退出历史舞台。

户籍制度是我国古代“登人”和“编户齐民”实施社会管理的基本手段。《尚书·多士》即有“惟殷先人，有册有典”的记录，可见殷商时代就有人口统计。到了周代还有管理户籍人口的官职，三年进行一次人口调查。春秋战国又有“书社制度”“上计制度”。《秦律》规定不仅要详细登记户籍，还制定了什伍编制法。汉承秦制，且建立起比较完备的全国人口调查管理制度，不仅包括个人、家庭成员，还包括各类资产占有及价值。至隋朝户籍制度与科举制度结合，实行“本贯应举之制”。按地域分配考试名额，首次把国家福利与人口户籍捆绑，但无城乡之别。

户籍管理也是世界各国最基本的社会管理制度，国外多叫“民事登记”“生命登记”“人事登记”等，美国实行的是“出生死亡登记大纲”，没有户口登记，公民可以自由迁徙，但公民移居某地必须有符合要求的住房面积和稳定的收入。美国人的驾照、信用卡、社会安全号大体相当于中国人身份证的角色。日本实行的是“住民票”制度，它以家庭为单位标明每个人的身份、夫妻关系、父子关系，户口随身走，迁徙自由，住民票完全随住址移动。孩子在20岁法定成人之前，无权独立设立自己户籍，一旦成人完全自由。法国的户籍管理则比较详尽，连父母的职业、经济收入、国籍、宗教信仰等信息都收入法国人的户籍信息，与就医、存款等日常生活紧密相关，但迁徙自由，愿到哪儿到哪儿。

市场经济的基本规律是价值规律、竞争规律、利润规律、供求规律，要求市场参与者以最小的代价获取最大的利益和最佳的效益。城乡二元制度不平等的身份限制了契约的自由签订，制约了各种社会资源合理配置，迁徙不自由，身份难转移，地位不平等。特殊历史时期还形成了“重义务，轻权利”的观念。户籍的二元制度应回归为国家提供统计资料，为公民提供相关信息的初始功能，不分城乡、不分职业、不分地域，与各种户籍“附着物”脱钩，全国统一，可以自由迁徙。

实施半个多世纪的城乡二元户籍制度已经生成了二元社会结构，同时孕育出深刻影响人们思想观念和思维方式的城乡二元文化，要从根本上消除城乡的二元性，不是靠发几个文件，用一纸政令就能解决的，其背后隐藏的是公共产品的公平配置，城乡差距的合理缩小，社会利益的公平维护，牵一发而动全身。当下还有诸多待解的矛盾和难题。

一是如北上广深等一些超大城市户口在短期内还无法全面放开。中国和其他中小国家不同，一个有着14亿人口，且大多生活在乡村的人口大国，一旦把为数不多的几个超大城市户口放开，会带来人口爆炸，这些城市将无力承受。超大城市是农民工市民化的梦想地，经济发达，就业机会多，收入高，生活环境好，公共服务水平高，尤其年轻一代农民工，最理想的落户地就是这些超大城市。

二是建立城乡统一的社会保障体系，还需要一个较长时间的探索。要建立一个公平与效率相结合，权利与义务相对应，适合基本国情，既尽力而为，又量力而行，城乡统筹，整体设计，以缴费型社会保险制度为主体，以非缴费型福利项目为补充的社会保障新体系，绝非易事，需要试点试验，探索经验，分步实施，稳步推进，才能达到维护稳定，促进公平，满足需求，降低城乡居民生存风险的目的。这是城乡一元、融合发展、互促共进的基础。

三是农民不愿意丢掉“三权”。虽然中央明确进城落户的农民集体经济组织成员权、土地承包权、宅基地使用权不得收回，但农民仍担心二轮或三轮土地承包期满后政策会变，进城居住但不转户口是大多数农民的现实选择，只愿做“一脚城里一脚乡”的两栖人。

四是公有制背景下，农民与土地的关系很难割断。在私有制国家，农民想进城当市民，把土地一卖了之，与土地的关系就此割断，而我国是公有制，土地所有权归集体经济组织，农民无权买卖，只能对承包经营权进行出租、合作、入股、转让、抵押等。也可以放弃，交回集体，但集体经济组织要给予合理的补偿，而有能力补偿的地方，农民不愿放弃，还想从集体获取更多的收益；没能力补偿的地方，农民愿意放弃，但却得不到补偿。农民与土地的关系陷入悖论，难以了断。

五是一些集体经济发达的地方又出现新的“逆城市化”现象。尤其农村集体产权制度改革推行以来，确权到户到人，面对几千万甚至几个亿数十亿的集体资产分配，一些原先转出户口的农民又要求转回本村。遇到此类问题的地方，正在探索转回户口的补偿办法和补偿标准。在经济高度发达的乡村，还出现另外一种现象，如陕西宝鸡市有一个年收入超千亿的村，出台一条激励政策，凡为本村集体经济年创收超 3 000 万元的，奖励一个本村户口，曾有一个年创收超 15 亿元的经营者获奖 50 多个该村户口，这种现象可能是古今中外户籍制度史上特有的。

六是二元思维转化成一元思维需要一个过程。长期形成的城乡二元化思想观念、思维方式已经固化，对于许多制度设计者和资源掌握者而言，要转化成一元化思想观念和思维方式，这是一种“习惯”的改变，需要一个长期的艰难的过程。只有用城乡一元化的思维，才能解决城乡二元化的问题。

当我们站在人类社会发展的制高点俯瞰城乡二元制度时，既要看到这一历史现象的存在具有一定的合理性，又要看到历史发展的必然性。坚定不移推进改革，大胆开拓探索新路，是方向，是目标。这是一场接力赛，相信后人比我们更聪明。

乡村振兴的四重结构透视

从空间结构的视角看，乡村振兴可分为家户、家园、田园、山水四层肌理。它们的关系就如投向水中一块石子，以家户为核心，依次荡开。位置不同，功能不同，场景不同，着力也各有差异，需要因层施策，突出重点，抓好关键。

山水是乡村振兴的第一层肌理。山水是自然环境的统称，今天应泛指 960 多万平方公里土地上的自然之物。在古人笔下，山水脱胎于山川，山川脱胎于天地。宇宙万物，早期多以天地概之。魏晋以前，山与水尚未成词，孔子有“智者乐水、仁者乐山”之叹。东晋谢灵运首开山水诗派，自此“山水”作为环境审美的概念开始大行其道，山水诗文，历代盛行。人们之所以钟情山水，是因为山水是人类生存的大环境，大环境的好坏关涉人们的生存状态和生存质量。人与自然的统一、生态与文明的统一是这个大环境生成的根本。乡村振兴，守护好山水是基础。进入工业文明、城市文明以来，乱砍滥伐林木，乱采滥挖矿产，乱堵滥填河塘，乱牧滥开草原，人的主体性充分发挥，而“天人合一”“道法自然”古训被抛在了脑后。以“人定胜天”的勃勃雄心改造自然，受到的惩罚已经历历在目。人类正由原始文明、农业文明、工业文明进入第四种文明形态——生态文明。生态与文明的统一，是尊重自然的主体性与发挥人的主体性相统一的结果。建设生态文明是历史留给人类保持可持续发展的最后机会。乡村之于社会最重要的职能是做好两个保障，一是保障食物供给；二是保障生态环境。实施乡村振兴战略，守护好青山

---

* 本文撰写于 2019 年。

绿水是乡村对于社会的责任，也是自身能否振兴的基础。

如何让960多万平方公里土地上的大好河山、自然之物，既能遵循自身的本性，又能兼顾人的利益，是乡村振兴的大课题。建设资源节约型、环境友好型社会，难点在城市，重点却在地域广阔的乡村。“绿水青山就是金山银山”，习总书记的“两山”理论已经家喻户晓，我们也已经建立起古今中外最严厉的制度约束——生态保护责任终身追究制，但要让山常青、水常绿、天常蓝、地常美，还需要每个在乡村生活的人高度自觉，严防城里人、外地人及工业破坏家乡的山山水水，有勇气有能力随时挺身而出，拿出法律的武器坚决捍卫。任何严厉制度的监督落实，最有效的措施就是唤起长年累月生活在那一方土地上的人的自觉意识。同时，乡村还应通过各种方式建构自身的生态道德，在“律他”和“他律”的同时，实现发自内心的“自律”，让保护生态环境的行为变为潜意识，时时接受良心道德的审判。

田园是乡村振兴的第二层肌理。如果说山水是自然生成的环境，那么田园则是人工创造的环境。为人们提供食物的每一寸耕地都是先民们辛勤垦出的荒地。古代文人笔下的田园与山水不分，自陶渊明“采菊东篱下，悠然见南山”开始，才把田园从山水中分离，独树一帜，自成一脉。在经济社会兴旺繁荣，人们生活质量很高的宋代，田园诗盛极一时，“稻花香里说丰年，听取蛙声一片”是古往今来多少人追求的意趣。乡村振兴，守护好田园是关键。

我国现有约20亿亩耕地，这是14亿人赖以生存的根本。在土地资源越来越紧张，已经无荒可开，增量资源有限的情形下，守住耕地红线，让中国人的饭碗牢牢端在自己手里，同时饭碗里主要装的是自己的粮食，是乡村振兴的底线思维。而要实现这一目标，任务之繁重，问题之复杂，困难之艰巨，难以想象。在城市化、工业化快速推进的背景下，耕地被蚕食的现象十分普遍。全世界城市化进程都是节约土地的，而我国一直在大量浪费土地，有关资料显示，目前我国城市、县城及镇、乡所在地四个层面的建成区占地12.02万平方公里，按国际标准每平方公里万人，已经可以居住 12 亿人口，但目前这四个层面的占地扩张，各地仍在想方设法暗中推进。这种行为对一城一地的发展也许大有好处，但对于国家这个整体就成了经济学上的“合成谬误”。守住耕地，就是守住了自己的根脉，这是乡村必须坚持不懈死看硬守的责任。绝不能为了眼前的诱惑丢弃长远利益，为了今天的快发展忘记了子孙的铁饭碗。

对于耕地，需要量的坚守，更需要质的提高。当下，化学农药、化肥、农膜、除草剂“四害”横行的势头虽有所减弱，但不少地方仍在泛滥，“四害”带来的耕地质量下降严重影响农产品的质量和产量。按国际标准，1 亩优质土壤应有 16 万条蚯蚓，300 千克真菌细菌，5%～12%的有机质含量。我国许多地方的土壤有机质含量不到 1%，有机质含量低，真菌细菌难以繁殖，而没有真菌细菌便不会有蚯蚓，土壤内部的生态循环便不能实现。源于石油农业以来植物动物开发的“二物思维”，今天必须加上微生物，变“二物思维”为“三物思维”，土壤的质量才能提高，生态农业、循环农业、有机农业等农业生产模式才能变成现实，农产品质量才会提高，农业供给侧结构性改革的目标才能实现。

推进土地的适度规模化，是乡村振兴在田园层面需要解决的第三个要害问题。土地的细碎零散化是我国农业实现现代化的最大障碍。而土地适度规模化的两大前提条件是种田能赚钱和有经营管理能力的人。种地赚钱必须不低于外出打工的水平，外出打工的人想把土地转出，必须有能够经营几百几千亩土地的新型现代农民承接。这两个问题的解决都需要在宏观政策层面加大力度，一面利用好国际“三箱”政策，一面调整过大的工农产品价格剪刀差，一面大力培养懂农业爱农村的新一代会经营善管理的农民队伍。

家园是乡村振兴的第三层肌理。家园与田园的不同之处在于田园是生产环境，家园多指生活环境。中国人心中的家园是精神寄托之所，是灵魂与肉体的归宿之地。“月是故乡明”“亲不亲、故乡人”“叶落归根”“告老还乡”都是家园的凝聚力、向心力、归属感使然。家园一般应指人们生活的村社环境。中国目前有200多万个自然村落，占地约13.9万平方公里，乡村振兴，建设好家园是重点。

产业兴旺、生态宜居、乡风文明、治理有效、生活富裕是乡村振兴的总要求总目标，五项任务的落地场景主要在家园，需要统筹协调，持之以恒，综合推进。当下家园建设应突出抓好三件事：

家园建设在形制上应遵循把村庄建设得更像村庄，小桥流水人家、粉墙黛瓦篱笆的格局不能变。旧村改造应让屋宇院落、路树沟塘各守其位，使村庄不改原生态，村貌却焕新光彩，产生出一种“沧桑依旧在，只是愁人爱”的神韵，以原乡消解乡愁。那种大拆大建、追赶城市高楼洋房的做法就失去了家园的意味。家园建设还应生产、生活、生态、生意“四生”契合。不能为了提高生活质量，而不顾生产要跑十几甚至几十公里集中居住，也不能为了挣钱不惜破坏生态环境，同时还要做好市场开发，打造好村社范围内的十分钟生活圈。

家园红利是中国乡村几千年积淀的社会福利精华，世世代代聚族而居的村落人群在长期相处中建立起彼此信任、互帮互助的紧密关系，这是乡土中国熟人环境最宝贵的资源，它对于乡村社会的资源配置、矛盾的调处、邻里互助以及应急事务的处置等方面价值巨大、意义深远，应充分挖掘、弘扬传承。市场经济两大基石，产权和信用。在乡村人口大流动的背景下，熟人社会建立在诚信基础上的家园红利在弱化，当前，在一面引进现代契约精神的同时，加强乡村的信用体系建设迫在眉睫。同时重构乡规民约、以社会主义核心价值观做引领，校正或走偏或迷茫的世界观、人生观、价值观也是当务之急。

重塑新乡贤是家园建设的新课题。人类农业文明时代的特征是低效平衡，工业文明时代的特征是高效失衡。今天我们要建设的是既高效又平衡的生态文明社会，就需要借鉴工业文明的高效和农业文明的平衡。工业文明的高效主要是各种现代元素的注入，农业文明的平衡重在两个方面，一是遵循自然规律，二是在乡村社会构建官绅民的治理结构。在中国古代社会，乡绅与乡贤大体是重合的，当然也有土豪劣绅，并非贤者，但那只是极少数。乡贤处于国家与社会、公域与私域、官方与民间、上层与底层的缓冲带，既承担国家权力的延伸实施，又体现民间利益的集中，是国家意志和民间意愿交汇、融合、互渗的节点。代表国家权力的官员是流动的，而乡贤则是稳定的，他们生于斯长于斯，熟知乡里，影响力、权威性都根植于乡土社会。不管上层社会如何更替，即使发生战乱甚至改朝换代，乡贤都可以维持一方平安，待到上层社会结构稳定，又可随时与之衔接。乡贤又是乡土社会的标杆，他可以引领乡土社会的道德走向、文明进程。中国古代社会城乡人才一直是对流的，告老还乡或衣锦还乡是绝大多数从故乡走出去的人的追求，他们把人生的追求浓缩成两个“真好”，年轻时能够走出家门、放飞理想，“真好”！年老时，可以叶落归根、重返故里，“真好”！第二个“真好”实现之日，便是他们成为乡人追慕的榜样之时。我国自 1958 年城乡二元制度实行以来，乡村人才单行道流入城市，今天应在制度层面尽快打通互动通道，让从乡村走出去的城市退休人员及商人能够到乡村定居，他们中不少人都有着强烈的为家乡做贡献的意愿，都能成为一方新乡贤，这应是乡村振兴的一笔宝贵财富。

家户是乡村振兴的第四层肌理。我国有 2.6 亿小农户，从一定意义上说，乡村振兴就是小农户的振兴。没有小农户的振兴，乡村振兴便没有意义。乡村振兴，家户全面发展是核心。

一是大力倡导“耕读传家”的优秀家风。这是起于先秦，成于唐宋，盛于晚清的精神传统。耕读传家，耕可以事稼穑，丰五谷、养家室，为了生存；读可以知诗书，修身性，图大业，为了发展。家是浓缩的国，国是放大的家，为家而耕，为国而读，一个“读”字昭示出“读者”心中怀有一个放大的家——国家，这就是炎黄子孙世代相传的家国情怀。“耕”与“读”透现出“达则兼济天下，穷则独善其身”修齐治平的大格局。目前，乡村自推行撤点并校以来，学校总量已由最高峰的 60 多万所减少到目前的 20 多万所，乡村孩子面临新的“上学难”问题，应下大功夫落实好新近出台的“学生单程不超过半小时的”国家政策。乡村教育应面向乡村，不可“逆乡土化”，只为大城市、发达地区培养人才。既要实施千军万马挤一条独木桥的精英教育，更要推行学一技之长、可安身立命的生存教育。乡村孩子是加长“四化”中农业现代化这条短腿的主力、主体，他们读不好书，这条短腿就只能跛足。“耕读传家”，是家的追求，更是国的责任。

二是探索小农户与现代化的有机衔接。我国2.6亿小农户中的2.3亿是承包耕地的农户，就农业经营主体而言，美国230万户，英国23万户，我们是美国的100倍，英国的1 000倍。要把这样一个庞大群体组织起来与现代化对接，是一个复杂的系统工程。世界上组织农民与现代化有机衔接的成功范例主要有两大类型，一是西方大农的专业合作，二是东亚小农的综合合作。我国是公有制下的小农，需要探索一条政府、市场、社会三位一体的第三种组织形式，充分发挥产权明晰后的集体经济的组织优势。我国乡村集体经济有两根主轴，一条是以村社为单位的社区型横向组织，一条是以供销合作社为单位的层级型纵向组织，供销合作社具有政府、市场、社会三重职能。长期以来，纵横两条线各行其是，应在村一级打通二者的通道，让供销合作社伸延到村，“把社建在村上”，建立起与村级组织、新型经营主体、专业大户、家庭农场等合作的新型合作组织，引导小农户入社，通过政府、市场、社会三方集合发力，让各类现代服务惠及小农户，这应是适合中国国情的新探索，是具有中国特色的提高农民的组织化程度、实现农民与现代化有机衔接、使“农业全面提升、农村全面进步、农民全面发展”的社会主义道路，也是完成乡村振兴五大目标任务的好途径。安徽、山东、贵州等省在这方面已经尝试试验，探索了一些成功经验，应予总结提炼完善推广。

三是家户环境卫生管理。乡村振兴五大目标任务中生态宜居和乡风文明都与环境卫生有关。环境卫生既是一个地方的脸面，也是提高生活品质的重要环节。而环境卫生好坏的决定因素在每家每户。“厕所革命”被世卫组织定义为最廉价的医药，各地都在大力推行。民谚云：物质文明看厨房，精神文明看茅房，不无道理。下一步要下大功夫解决的问题就是垃圾处理问题。随着人们消费水平的提高，垃圾的产出更以惊人速度在同步增长。据环境科学专家李金惠介绍，太平洋中有一个垃圾塑料岛，相当于39个台湾岛的面积；中国每天产生的垃圾用汽车装载可以双车道排到距地球45万公里的月球；城市垃圾分类已经上升到法律层面推行，上海居民正挑灯夜读，恶补垃圾分类知识。让垃圾的制造者都变成管理者，这将是一个全社会观念变革的过程，需要一代人的教育，并且需要全社会成员一起做才能做好。如何让乡村垃圾制造者变成管理者，是当下需要从儿童抓起从家户抓起的新命题。环境已不堪重负，无废社会、无废时代终将来临，让垃圾这个放错地方的资源变废为宝，乡村必须跟上。

别让农民不食人间烟火

乡村治理从整治环境入手，抓住了问题的关键。环境是一个地方的脸面，一乡一村、一家一户，如果环境脏乱差，不要说与现代文明接轨，连古人的传统都没有继承发扬好。“黎明即起，洒扫庭除”，这是先辈们代代相传的每日必修课。眼下，一场旨在提高农民生活品质的环境治理风暴正席卷全国，乡村面貌焕然一新，成效大显。但一些地方脱离现实，为环境而环境，不顾农民的生产生活，强推一些高大上的做法，农民对此很反感，社会上也颇多微词。

“房前屋后，种瓜种豆”，这本是农民祖祖辈辈形成的一种生产生活模式。它的最大好处就是农民利用零碎的空闲时间就近解决自给自足的生活需求。但一些地方却只让种植花草，不许种瓜种豆。农民大把的闲散零碎时间被浪费，却还要花钱去集镇上买各种蔬菜，既要花钱，又不方便。

“采菊东篱下，悠然见南山”，想必陶渊明东篱的篱笆一定是一些废弃的竹木柴草所编，废物利用，整洁美观，古往今来多少文人墨客对那一道篱笆无限倾情。而当下，一些地方对村民院落的篱笆有明确要求，不得使用那些竹木柴草，有碍观瞻，必须使用漆成白色的木条或塑料片。一边是可以利用却不让利用、又无处堆放的废弃物，一边却又要花钱购买别的东西，农民只有叹气摇头。

鸡鸭鹅成群，猪牛羊成圈，曾是体现农民富裕之家的写照，而今的乡村再也见不到这种景象。为了环境，禁养家禽家畜已成了普遍的乡村

---

* 本文撰写于 2019 年。

规则。从生活方式看，农民的肉蛋奶需求就是来自这些自己喂养的禽畜，不让养，农民便断了食用的方便和廉价。从生产方式看，植物是生产者，禽畜和人是消费者，人以消费种子果实为主，禽畜以消费茎叶为主，然后人禽畜粪便再还田作为下一轮生产的肥料，这是一个大自然安排的生态循环规律，没有家家户户养殖禽畜的消费，便打破了这一自然规律。集中养殖是适应现代化工厂化生产的新方式，问题是集中养殖后的粪肥到不了家家户户的田里。化肥农药猛上，土壤质量下降，导致农产品品质下降。

联合国世卫组织把厕所定义为："人类最廉价的医药"，厕所改造对于改善卫生条件、提高人的健康水平尤其重要，但必须根据客观条件，以科学适用的方法予以改造，一些吃水像吃油的地方也要求装抽水马桶，一些冬天长达半年滴水成冰的地方也装抽水马桶，这就脱离了实际。即便用水充足的地方，农民也心疼用水，他们幽默地说：早晨起来一泡尿，马桶一按，一角钱没了。

桃李杏柿枣梅樱，绕村四季花果香。一般农家房前屋后都要栽植多种果树，一是自用方便，二是美化环境。但一些地方却要求整齐划一，要么全村都种常青树，要么全村都种栽一种果树，农民没有选择权，不仅造成景观单调乏味，也使人们多品种多口味的水果需求化为泡影，即采即食，新鲜方便的生活方式烟消云散。

袅袅炊烟，依依乡情。炊烟是乡村的独特景观，一曲经典的《又见炊烟》，勾起无数人的乡恋乡情。但凡人居处，皆有炊烟起，有炊烟就有熟食，而吃熟食是人和其他动物的重要区别。进入农业文明以来，人们以农作物秸秆烧煮食物，然后把焚烧后的灰烬还田做肥料已成习俗。这是处理农作物秸秆除喂养牲畜之外的第二条途径，这种生活方式造成的空气污染，比起压茬秸秆无处堆放带来的环境污染可谓微乎其微。而今一些地方却下令不准烧柴草，只准烧天然气。农民说，这真是不食人间烟火，要成仙了！

改善人居环境，提高生活质量，农民拍手称快，但好事一定得办好，上述种种，究其原因，大体有四个方面：

一是脱离实际的城市思维。制度设计者久居城市，不了解乡村，只以城市人的视角和思维考虑问题，他们不懂得农民和市民不一样。从生活空间看，农民的家里需要放置如铁锹、水桶、绳索、扁担等一些随时备用的简单农具和临时堆放刚刚收打下的农产品，大多数人家还要放置如机动三轮等小型农机具，而市民不需要这些，上班一个皮包、一台电脑即可。从生活方式看，市民随时可到遍布市区的超市采买生活用品，但农村各种配套服务设施还很不完善，即便服务齐全，就目前农民的收入水平看，也无力承担超出支付能力范围的费用。对于有些日常消费的生活必需品，如瓜果蔬菜，大多还是在庭院附近自己种植，这样既能利用闲散时间，又可全家男女老少人人参与；既采摘食用方便，又不需额外花钱购买；既能即食即采，吃得新鲜，又无农药化肥污水浇灌之忧，安全放心。他们不知道农业和工业不一样，工业有固定的车间厂房，有完善的管理标准，有稳定的产品生产，而农业生产的对象就是广阔无垠的大地，与泥土打交道，旱涝冰虫，风霜雨雪，都可能随时降临。更何况农产品生产是一个活的生命体，不能像工业品那样可以搬移，可以倒序，可以间断，还要遵循自然规律和经济规律两个约束，它的产品也不能像工业品那样可以分段分拆、分别检测，农业生产所有环节的努力，都只能体现在最终一次性显现的产品上。农业生产的季节性，使得它在特定的收种时段，给环境的整洁卫生必然带来临时性的混乱和污染。他们不了解农村和城市不一样。城市是水泥森林之下，不是水泥铺地，便是绿草铺地，没有产生灰尘的空间。而乡村处处与泥土为伴，被泥土包围，一遇风天，尘土飞扬，再密闭的空间都会落满尘埃。更何况维护城市环境卫生，有财政支付报酬的全国 3 000 多万环卫工人日夜守护，他们还有 60%多的机械化率作支撑，而农村则只能靠农民自身维护。以城市思维设计农村的制度必须改变，把选择权交给农民，让农民为自己谋划，才能使他们在乡村振兴的征程上不断增强获得感、幸福感。

二是追求极致的“仙境”思维。仙境是人类理想的乌托邦，只能见于文学作品中的描写。在那里：山青水碧，地绿天蓝，云蒸霞蔚，清气怡神，玉宇琼楼，纤尘不染。处处泉水叮咚，移步溪流潺潺，无鸡犬之鸣吠，无车马之闹喧。长髯仙人，无家无室，无父无母，无兄无弟，拄杖花间，微微笑，飘飘然，乐陶陶。生活在这样的环境里，不稼不穑，不饲不养，不灌不溉，不饮不食，无温饱之忧，无旱涝之患，无疾病之痛，无灾荒之苦。南宋白玉蟾在《赞历代天师》诗中写道："吸乾酒每一须臾，冠冕玄坛百岁余。不食人间烟火气，能传天上电花书。"这便是仙境中的人物。理想不是现实，用理想做标准要求现实注定不会成功，也将遭到社会的诟病。经过举国上下多年的拼搏努力，到 2020 年脱贫攻坚决胜之后，中国农民才刚刚摆脱贫困，在这样的背景下要求建设一个仙境般的新农村，不现实，不可能，更没必要。实实在在、脚踏实地，摒弃子虚乌有的理想梦，尊重常识，尊重现实，因地制宜，循序渐进，因村施策，让乡村充满烟火气，让农民真有幸福感，才是乡村振兴的要义。

三是过重形象的政绩思维。典型引路，我们需要形象的塑造；激励后进，我们需要榜样的力量。但是别有意图地为形象而形象，以不顾民力不惜代价的形象工程去谋取政绩，就另当别论了。2018 年底被免职的贵州省黔南州独山县县委书记潘志立，不顾县财政年收入不足 10 亿元的现状，盲目举债大造形象工程、政绩工程，使该县债台高筑达 400 亿元之巨，且绝大多数融资成本超过 10%。为了探索路子、找出方法、抓出经验，在乡村建设中，我们精雕细刻，培植"盆景"，培植的目的是想让"盆景"能变成遍地开花的"风景"，对大多数地方有借鉴意义，有推广价值。如果打造的"盆景"只具有观赏价值，只适于外人参观，只用于上级评比，只提供领导检查，不可复制、无法学习，这样的"盆景"要不得。为官一任，造福一方，这是每个为政者的追求。在一个地方当官几年，总要弄出点名堂，造出点政绩，于是急功近利者便从人造形象工程打主意。形象工程与政绩工程是一对孪生姊妹。追求政绩是对的，但要树立正确的政绩观，所出政绩要经得起实践的检验、民众的检验、历史的检验，那种不顾群众需要和当地实际，不惜利用手中权力大上劳民伤财、浮华无效工程，好大喜功，纯为自我标榜的政绩，是虚浮的政绩，不光群众反感，也害人害己，多有后患。

四是整齐划一的军事思维。中国的乡村经过数千年的历史积淀，形成了方方面面既丰富多彩又符合规律的自然生态和社会生态两大系统，山水田园、路树沟渠、屋宇院落，都经历了时光的磨洗、环境的考验、习俗的应对、物种的竞择，都具有存在的合理性。为了适应所谓现代文明的生活方式，一些地方强行拆旧村建新村，房屋都盖成一个模式，绿化都栽植一个树种，道路横平竖直，禁养各类禽畜，几千年厚重的历史没了踪迹，多姿的文化淹没于单调的空间，“诗意的栖居”变成了乏味的存在。这种现象不是对传统文明的继承，而是对传统文明的破坏。现代文明必须根植于传统文明之上才有意义。比如在旧村改造中植入现代元素，让人们在旧居中享受现代生活；在新村建设中不千篇一律，符合自然和社会的生态规律，让自然与社会和谐，使古代与现代统一，既有古典美，又具时尚性。经济社会的发展有其自身规律，人们的生活方式有着多种需求，战争年代的军事思维无法解决这些现实问题。

信用，一把高悬的利剑

市场经济的两大基石是产权和信用，社会治理的两大基石是法律和道德。道德其实就是伦理学视角的信用准则。信用之于经济社会发展具有基础性的价值和意义。它像一把高悬的利剑，保护守信者，制裁失信者。人无信不立，业无信不兴，国无信则衰。孔子《论语》中“耻”出现16次，“敬”出现21次，“义”出现24次，“善”出现36次，而“信”的出现高达38次。面对全国失信被执行人名单总数累计已高达1 500多万，而且还在不断增多的严峻现实，以诚为基、以信为本的信用体系建设应是当务之急。

所谓信用即行为主体能够履行诺言而取得的信任。双方当事人按契约规定享有权利和承担义务，只要契约规定的权利和义务不是当时交割，存在时滞，就存在信用。信用是长时间积累的信任度，它是自愿自觉的，不是强迫违心的，是长期履行承诺、反复交往、不断延续的正面记录。信用的获取非一日之功，需要“积土成山”“积水成渊”，但信用的丧失则会因一件小事瞬间完成，所有正面记录一次清零。从社会学的角度看，它是一种特殊的社会心理现象，是授信人依据受信人的资信做出的一种理性判断。它又是一种社会关系，信用不仅仅是个人行为，它是发生在授信人与受信人之间的一种社会交往关系。从经济学的角度看，信用是一种借与贷的关系，是指在商品交换或其他经济活动中，授信人充分信任受信人能够实现其承诺，以契约关系进行的价值运动，是一种交易方式。从伦理道德的角度看，又是一种道德品质准则。信用是

* 本文撰写于2019年。

将伦理道德规范加于自身的约束行为，它以伦理上无可非议的，既是正当的、又是正面的价值为最低道德底线。

信用体现的是双方当事人对约定义务的履行，它包括公约和私约两种，法律就是对全体社会成员具有强制约束力的社会公约。对于违反社会公约的失信行为，法律使用强制暴力限制失信人的自由，但对发生在人与人之间并不触犯法律、属于道德品质问题的不良行为，只能利用非强制的社会力量解决。尤其在经济生活中，大约有95%的失信行为是不触犯法律的不良行为，法律无法判决。违法一定失信，但失信未必违法。在发达国家，人们宁愿坐牢受到法律公约的制裁，也不愿接受社会道德的惩罚。一个人一旦信用出了问题，就等于为自己建立起了一座“虚拟牢房”，找工作没人雇佣你，没钱花无人敢借给你，住旅店要先交钱，买保险别人要100元、你得交500元，走到哪里不论办任何事情都会受到种种歧视，是一个生活在茫茫人海中的“鲁滨逊”，不管好人、坏人，没人愿意跟你合作，没人愿意与你联系，没人愿意与你交往，谁都对你翻白眼，谁都对你不相信……在这样举步艰难、寸步难行的“虚拟牢房”里生活，岂不是比实体牢房还难受！

“君子一言，驷马难追”“一诺千金”……这样的格言警句在炎黄子孙的传统文化里妇孺皆知。“狼来了”的寓言故事家喻户晓，为了一个承诺，历经几代人接力完成的事例层出不穷。被称为中国银行业乡下祖父的晋商，首创汇兑业务，能让人用一大车白花花银子换一张白纸条，把票号开到数十个国家，靠的就是信用。中国的乡村几千年聚族而居，构建成一个熟人社会，熟人社会的游戏规则，诚实守信是根本，一旦失去诚信，将会被熟人社区成员集体抛弃，甚至祸及子孙。

今天我们正处在一个百年未有之变局的大变革时代，技术化社会的高科技正在全方位颠覆着人们的生活，传统的思维方式、思想观念正面临断崖式塌陷，价值观多元让人们对是非、美丑、善恶的判断力弱化。

错综复杂、扑朔迷离的现实场景让诚信在一些地方、一些领域、一些人的头脑里变得模糊不清，甚至渐行渐远。全国法院系统从2013年10月至今已通过失信惩戒系统累计限制2 000多万人次购买机票、车票，霸座、抢位、乱扔垃圾、争夺公交司机方向盘等不良行为更是屡见媒体频频曝光。

社会化分工越来越细，在交通、通讯高度发达的现代社会，人们的相互依存度却越来越高，一旦失信，毁掉的不仅仅是自己，很可能是一家企业、一个产业、甚至一方经济。当年的三聚氰胺事件不仅毁掉了三鹿集团，更导致中国人对国产牛奶的消费信心至今尚未恢复，一个蒸蒸日上的牛奶产业从此一蹶不振，历经十年仍徘徊不前。在一个盛产特色农产品的地方，外地商人纷至沓来采购。一家客商不慎开车撞死一头羊，主人要求赔偿两千元，客商虽嫌价高，但身处异乡也只得接受。付钱后要把死羊带走，但主人不让，说两千元赔的是羊命，羊不能带走。商人与之理论，羊的主人慢悠悠地说：如果你撞死的是我爸，你能把他拉回你家吗？后事还不是归我处理！商人明知这是歪理又找不出应对言辞，只好作罢。此事一经传开，这里的农产品再无客商争抢的局面。

建立健全社会信用体系是国家治理体系和治理能力现代化的重要标志，当务之急应突出抓好以下几个方面。

首先是基层政府和各类基层组织要守信。基层政府和各类基层组织直接与广大基层民众打交道，一举一动、一言一行都会对社会信用的建立影响巨大。上有所好、下必甚焉，一旦失信，后患无穷。不光会影响社会风气，还会使社会治理掉入“塔西佗陷阱”，即一旦公权力遭遇公信力危机时，不论说真话还是说假话，做好事还是做坏事，民众统统认为不可信，统统不予理睬。当前一些地方大搞基础设施建设，结果拖欠企业资金，无法偿还，企业被拖垮的现象时有发生；一些地方没有经过充分的市场论证，就盲目宣传要农民都种什么或养什么，结果几年后产品成灾，卖不出去；还有个别地方没有弄清脱贫与致富的关系，在脱贫攻坚中提出让贫困户都要致富的目标任务，把脱贫与致富、政府与市场、保障与发展混为一谈，这种要求很难兑现。建立健全社会信用体系，基层政府和各类基层组织以身作则、恪守诚信、规范行为、做好表率，至关重要。实施乡村振兴的五大目标任务之一就是治理有效，而治理有效的关键环节就是建立社会信用体系，舍此，治理很难有效。而如果治理不灵，则其他四项目标任务实现了也会再失去。

其次是从村社、家户抓起，从学校、娃娃抓起，全面建立“守信者荣、失信者耻、无信者忧”的激励惩戒机制。就宏观层面而言，国家用于“征”的有三个方面：征人（如征兵卫国、征民应急）、征钱（如征税）、征信（征集公民信用）。在个人征信方面，全国已建立如启信宝、企查查、天眼查等130多个征信机构，国家正依托互联网建立全国统一的征信体系。就微观层面而言，可以县区为单位，因地制宜，在基层村社、家户建立信用评级制度，根据本地实际设立统一标准、统一系统、统一评级的信息采集和评价机制，全面开展创建“信用家庭”、“信用村社”活动，并与评优评先、项目建设、贷款使用、参保抵押等方面的利益分配挂钩。在有条件的村社可依托“智慧社区平台”，在公共场所安装监控设备，让偷窃、乱扔垃圾、随地吐痰等不良行为有案可查、村内曝光，让失信者不敢为、不能为、不愿为。信用体系建设是一项需要长期坚持、不懈努力的系统工程，因此必须进学校、进课堂，从娃娃时代打基础，让孩子从小就有强烈的诚信意识。应在大中小学建立一整套信用评价体系，与学生的毕业、升学、评优评先、奖学金发放、评语鉴定等紧密结合，从正面激励和反面惩戒两方面做好“他律”，以培养学生的“自律”精神。

再者是建立健全有关法律法规。据有关调查显示，美国有17部关于信用的法律，这是一种强大的威慑力量。我国在这方面刚刚起步，2016年国务院办公厅已经下发了《关于加强个人诚信体系建设的指导意见》，要求加强社会公德、职业道德、家庭美德和个人品德教育，并建立健全个人严重失信行为的披露、曝光和举报制度，使我国信用体系建设迈出一大步。在法律法规尚有缺位的情况下，充分发动社会成员、利用亿万双眼睛监督，通过社会的无形力量予以惩处，应当是当下维护社会秩序、规范市场行为、推进精神文明的有力举措。各地应在这方面大胆探索，一方面解决现实问题，另一方面为推进信用立法积累经验，提供条件，做好准备。

决胜全面小康需要“三看”

2020年全面建成小康社会是中国共产党带领中国人民为之奋斗的第一个百年目标，这个目标能否实现，关键在于能否打赢脱贫攻坚战。通过近几年的举国努力，脱贫攻坚决胜在即，但要圆满收官，需要“三看”。

一是回头看：补短板、修长板。

补短板，就是各个涉农部门要立足本职，回首来路，检视对照，找出差距和不足，对标对表、列明清单，逐项落实、不留死角，让“脱贫攻坚一个都不能少、小康路上一个也不能掉队”完全彻底兑现。如“双基”建设问题。基础设施建设包括道路桥梁、住房、饮水安全、网络通讯等方面的投入，基本公共服务要解决好义务教育、基本医疗、育幼养老等方面的问题。经过脱贫攻坚以来的投入，农村“双基”建设水平大幅提升，但仍然存在着地区之间、城乡之间不均衡的短板，需要根据农村实际，合理配置资源要素投入，统筹推进城乡及地区之间公共服务均等化，形成层次丰富、发展均衡、配置公平的基本公共服务体系。再如脱贫保障机制的建立健全。原发型积累性绝对贫困解决了，次生型新增性相对贫困在任何国家任何社会制度下都永远存在，解决贫困问题不是一蹴而就的事，随着整体经济进入新常态发展阶段，贫困问题与区域发展、生态保护、社会保障、民族团结、社会稳定和可持续发展等方面的问题紧密相关，需要统筹谋划、综合协调，不断探索和建立反贫与防贫的长效机制。

---

* 本文撰写于2019年。

修长板，就是既要把一些行之有效的扶贫政策落实到位，又要力避一些因帮扶政策用力过猛而带来的“悬崖效应”“福利陷阱”等负面效应。中央之所以再三强调要严把目标标准，就是因为一些地方自觉不自觉地把扶贫标准拔高了，甚至不同地区之间互相攀比看谁的标准高，对贫困户做了一些不切实际的承诺。有的地方贫困群众看病不花钱，导致一些贫困户住在医院里不肯出院，小病大治，占用大量医疗资源。有的地方盲目下达扶贫小额信贷指标，贫困户把钱贷出来又没地方用，只能投放到企业里去吃利差，把扶贫小额信贷变成了简单的收取利息。在项目建设上也存在用力过猛问题，国家计划在“十三五”期间建设光伏项目装机容量1.1亿千瓦，但现在全国光伏装机容量已达约2亿千瓦，成倍超出计划，每年需要可再生能源基金补贴高达2 000亿元，而可再生能源基金每年收入仅700亿元，1年就要补贴掉3年的收入，电价补贴将来难以为继。对这些过了头、超了标的问题，需要及时修正，让好政策发挥出好效益。

二是左右看：找重点、攻难点。

找重点，有两个方面，一要重点关注特困地区。全国有334个深度贫困县和3万个深度贫困村，这些地方都是“老少边穷”地区，贫困程度深、基础设施条件薄弱、公共服务严重不足，减贫边际效应不断下降，增收难度不断加大，是难啃的“硬骨头”。这些地区想实现脱贫摘帽，就要继续加大政策支持力度，用非常之策实现非常目标。要通过进一步调整优化投入分配结构，加大对深度贫困地区一般性转移支付、专项转移支付力度。在超常规投入的同时，还要走出传统的路径依赖，想方设法提高扶贫效益，摒弃简单的给钱给物做法。一方面，让贫困人口充分参与到脱贫的过程中，增强他们的获得感成就感；另一方面，要把资源配置到合理、高效的地方，因地制宜根据各自特点和优势，寻找正确的发展路径。二要重点关注特困群体，使脱贫攻坚一个也不能少，小康路上一个也不能掉队。特困群体有两种，一种是支出型贫困，由于患有大病、子女上学等原因所致。一种是收入型贫困，主要是失能半失能群体，由于自身没有劳动能力，缺少收入来源而陷入贫困。对支出型贫困，需要在医疗、教育等社会服务的均等化上给予这部分人群更多的帮助；对收入型贫困，不仅要通过兜底保障的方式保证他们的基本生活，还要为他们提供相应的社会服务，让这部分人群有尊严地感受到社会的关爱。山东乐陵县因地制宜设立扶贫助困公益岗位的做法值得推广。

攻难点，就是直面现实，抓住难题，找准症结。一是扶贫领域官僚主义、形式主义的苗头性、倾向性问题必须下大功夫克服。一些地方热衷于搞“填表式”帮扶、“留影式”入户、“卷宗式”总结，一些地方搞一些面子工程，“刷白墙”“造盆景”，不仅劳民伤财，群众也不买账。有的下去调查，汽车开到家门口还问人家通路了吗；坐在电灯底下填表，还问通电了吗；有的访谈家庭收入，刨根问底经营性、转移性、财产性及工资性收入是多少，弄得农民一头雾水。二是扶贫“扶志”与“扶智”需要持之以恒，不懈努力。激发贫困群体的内生动力，开发贫困群体的智力是一项艰巨复杂需要长期坚持的系统工程，必须做出总体规划，因地因时因人施策。三是产业扶贫的成果如何稳固的问题。产业扶贫是精准扶贫精准脱贫的有力支撑，是实现可持续性稳定脱贫的重要保证，但当前产业扶贫规模小、同质化严重、抗风险能力弱、产业附加值低等顽疾正在逐渐显现。尤其是一些地方在发展产业过程中，不按照市场规律，由政府代替市场决策，结果导致政府倡导的产业农户一拥而上，最终造成市场灾难。完善产业链，拓展功能链，提升价值链是产业扶贫的主攻难点。

三是向前看：抓关键、促乡建。

当前我国正处在脱贫攻坚和乡村振兴战略实施的交汇期，打赢脱贫攻坚战是乡村振兴的前提和基础，实施乡村振兴战略是脱贫攻坚的巩固和提升。在全面建成小康社会的决胜时期，就要抓住脱贫攻坚这个关键，做好与乡村振兴的衔接，把眼光放到2020年之后，提前做好政策体系的谋篇布局。

一是要做好乡村振兴五项目标任务与脱贫攻坚的衔接工作。“产业兴旺”不仅要一产兴旺，更要推动三产融合发展，相互促进，共同兴旺。要把一些在脱贫攻坚期仓促上马的产业项目再进行分析研究，做好未来的产业规划，把一些没有经济效益的产业及时叫停，把真正有生命力、有潜力的产业扶持好。“生态宜居”一方面要在发展进程中保护好生态环境，另一方面也要确保全国1 000万实施易地扶贫搬迁的贫困人口能搬得出、住得下、留得住。宜居就是要让他们有生存的条件，有挣钱的门路，要帮助他们配置好产业，促进就业，不能搬出来住着楼房却没了收入。“乡风文明”就是在解决贫困问题之后要注重解决精神文明问题，在脱贫攻坚中改变贫困群众的精神面貌，构建适应时代需要的乡规民约。“治理有效”要将脱贫攻坚中的一些好的经验做法吸收到乡村振兴中去，比如应将五级书记抓扶贫的做法总结提炼、推广运用到乡村振兴当中。“生活富裕”不仅要解决绝对贫困问题，还要长期关注低收入人口的生活问题，要设计新的贫困识别体系，找出新的帮扶对象，及时帮扶。更要在抓好物质生活富裕的同时，抓好精神生活的富裕，口袋富了，脑袋不富，无事则生非。

二是要解决好“三个失衡”的问题。“三个失衡”即贫困户与边缘贫困户的失衡、贫困村与边缘贫困村的失衡、贫困县与边缘贫困县的失衡。所谓“边缘贫困”，是指位于贫困线以上或基本持平，但整体仍处于欠发达、群众生产生活仍存在较多困难的状况。通过近几年的脱贫攻坚，重点帮扶的贫困县、贫困村、贫困户面貌大变，而边缘贫困县、边缘贫困村、边缘贫困户受到的关注、支持和优惠政策相对较少，与原来条件相近的周边被帮扶过的对象比较，反差过大。三个失衡的存在容易导致社会矛盾扩大，降低一般群众对扶贫工作的认可度，要在乡村振兴中，谋划如何将这些特惠政策转向特惠和普惠相结合的政策，把主攻的重点应放在扶持区域整体性发展上。

三是要处理好数万亿扶贫资产的保值增值问题。脱贫攻坚全国已积累了数万亿的扶贫资产，这些资产归政府、归集体、还是归帮扶对象？产权模糊、权属不清。如何实现这部分资产保值增值，应当尽快提上议事日程。实践表明，只有让这部分资产产权明晰、运营良好，才能成为乡村发展的新动能。山东沂水依托全县农村集体“三资”管理平台，对扶贫资金资产实行所有权归集体、经营权归企业、收益权归帮扶对象、监督权归农业农村局的“四权分置”做法，使扶贫资产既能产权明晰，又能保值增值，应当在全国推广。

四是要继续形成社会合力，唱好大合唱。乡村振兴不仅仅是农业农村的事，更是全社会的事。乡村是农副产品的生产地，是生态环境的保养地，也是中国文化的源头，是亿万人的情感寄托，现代农业的多功能性显示出巨大的经济价值、社会价值和文化价值。务农重本，国之大纲。农业强不强、农村美不美、农民富不富，直接决定着全面小康的成色和社会主义现代化的质量。只有以更大决心、更明确目标、更有力举措，像脱贫攻坚那样，广泛发动，全面动员，汇聚各方合力，才能推动农村现代化的发展，补齐这块短板，如期实现党的第二个百年奋斗目标。

在中华民族五千年文明史上，一个划时代的“小康元年”正向我们走来。届时，我们将成为摆脱贫困的第一代，全面跨入小康社会的第一代，实施乡村振兴的第一代。同时，也是见证一个百年大党实现百年梦想的第一代。全面小康，决胜在即，做实“三看”，务求全胜。

补齐全面小康社会的乡村民生短板

党的十九届四中全会提出："坚持和完善统筹城乡的民生保障制度，满足人民日益增长的美好生活需要"，"必须健全幼有所育、学有所教、劳有所得、病有所医、老有所养、住有所居、弱有所扶等方面国家基本公共服务制度体系，注重加强普惠性、基础性、兜底性民生建设，保障群众基本生活。满足人民多层次多样化需求，使改革发展成果更多更公平惠及全体人民"。实现四中全会提出的目标任务，补齐乡村民生短板是关键，尤其在脱贫攻坚已进入尾声，全面小康决胜在即的紧要关头，筑牢民生底线，当务之急在于统筹城与乡，完善"十六有"。

寒有所衣、饥有所食。这是人类生存最基本的两个需求，也是保障民生的最基础的两个方面。经过举国上下历时几年脱贫攻坚的奋斗，我国基本实现了农村人口"两不愁三保障"的目标，农民居家生活可以衣食无忧。但有些进城务工人员因为找不到工作，口袋里的钱花完之后，只得露宿街头，忍饥挨饿的现象还偶有发生。对此应借鉴一些发达国家做法，在城镇设立危困专项临时救济救助基金，设立临时救助站，让那些饥寒者不致挨饿受冻。如没有这样的救助，他们远离故土、衣食无靠，饥寒生盗心，免不了会去偷去抢。一个社会，如果有人偷汽车偷金银，那是他个人的耻辱；如有人为一块面包去偷抢，那就是社会的耻辱。

住有所居。有资料显示，截至 2019 年 8 月全国危房存量为 135.2 万户，这些已全部纳入 2019 年中央农村危房改造任务和补助资金范围，

---

* 本文撰写于 2019 年。

并将于2020年6月底前全部竣工。但危房是个动态概念，旧房变危房随时都可能发生，有关部门应随时关注农村住房，建立一套危房动态监测鉴定机制，做到随时有危房及时再改造，确保农民住房基本安全。在“城乡两栖、居业分离”的大趋势下，关注乡居者，还要关注城居者。要保障在城镇稳定就业的外来务工人员、以家庭为流动单元的农民工、新就业的农村大学生等实现住有所居。安居才能乐业。当前仍有不少进城务工人员住在工棚、地下室或城中村，居住条件“破、窄、挤”，居住环境“脏、乱、差”的现实亟待改善。进城务工人员的住房问题，需要采取“政府引导和推动、企业主导和建设、社会参与和支持”相结合的方式系统性地加以解决。

行有所乘。根据交通运输部的数据，截至2018年底，全国农村公路总里程达到405万公里，通硬化路的乡镇和建制村分别达到99.64%和99.47%。目前全国建制村通客车率已经达到98.02%，成绩斐然。但仍有许多需要完善之处。按照国家相关标准，道路建设达到4.5米才能会车，但是有些村庄道路只有3.5米，无法满足会车需求，节假日经常堵车；不少建制村通车也只是通到村部，并没有通到自然村；农村公交车还存在班次少、间隔时间长等问题。绝大多数地方只通生活的道路，生产的道路远没有通畅。

学有所教。学有所教首先是要办好公平优质的农村义务教育。虽然农村撤点并校在2012年被叫停，但农村学校已由原来的60多万所减少到如今30万所左右，农村孩子面临新的上学难。必须严格落实《国务院办公厅关于全面加强乡村小规模学校和乡镇寄宿制学校建设的指导意见》的要求，原则上小学生就近走读上学，路途时间单程不超过半小时；必须全面改善农村义务教育基本办学条件，提高乡村教师待遇，增强乡村学校师资力量。农村学校越办越差，学生越来越少，形成恶性循环。学生都进城读书，脱离乡村环境，势必形成城市人的“三观”，如让这些孩子再回去建设乡村，那是一厢情愿，即便回去了，那也是“老虎吃天，无从下口”。农村职业教育目前只为困难家庭培养能挣钱的技能人才，还应放宽视野，为家庭和家乡“两个家”服务，即选择当地有发展前景的一两个主导产业，围绕产业培育未来需要的人才，这才是乡村振兴的长久之计。互联网的发达，使农村管理者无会可开，但一个不容忽视的现实是我国还有 5.88 亿人不上网，这个群体主要在乡村。针对农村继续教育与终身教育严重缺乏的现状，建议每个乡镇办一所开放性的农民学校，定期向社会公布讲课内容，通过政府购买服务的方式，免费为农民讲解农业科技知识、企业经营管理、国家政策法规、家庭教育理念以及法律维权和卫生保健等与农民生产生活息息相关的知识。美国农民每年都为自己留出 1～3 个月时间到大学听课，不然明年就无法经营。

病有所医。村医奇缺，乡医不足，是当前农村医疗面临的最大问题。截至 2018 年底，全国卫生人员总数达 1 230 万人，而 8 亿多农民，只有百万村医。他们是农村居民的健康守护人。乡村医疗基础薄弱，导致一些农民常见病、慢性病得不到及时治疗。待遇不高，设施匮乏，留不住青年医生，成为阻碍乡村卫生医疗体系发展的最大瓶颈，亟须通过政策性调整保障基层医疗人才队伍稳定和结构优化。可以通过“县管乡用，乡管村用”的人事制度，解决基层医疗机构的人才缺乏问题；通过政府购买公共医疗服务等方式提升基层卫生人员的待遇；通过完善城市医疗卫生人才对口支援农村制度，建立医联体、医共体，让优质资源“下基层”，加大“流动”医疗服务力度。

老有所养。我国 60 周岁以上的老年人口已达 2.5 亿，占总人口的 17.9％。由于年轻劳动力不断涌入城市，小孩被带至城里读书，农村原来“留守儿童”“留守妇女”“留守老人”的“三留守”正变成“一留守”。加上城市老年人为追求宜居的环境也到乡村寻找养生养老之地，导致农村老龄化程度要远高于城镇。针对当前我国农村老年人出现的“家庭照料难”问题，政府应提前做好农村养老问题的宏观规划：一是增加投入，在农村有计划地实施“敬老、安老、助老”工程，逐步建立老年公寓、幸福院、托老院等养老机构，大力发展社会养老；二是提倡孝道文化，探索实现居家养老的新举措、新方法，鼓励家庭养老；三是探索建立失能老人护理保险福利制度，我国目前失能半失能群体约达5 000万之众，应切实解决失能和半失能老人的护理问题，并通过医养结合和社区老人日间照料中心，解决农村老人给家庭带来的后顾之忧。人在面临生与死两大关头时，是否在医院度过，是否有医疗人员陪护，是衡量一个社会文明程度的重要标志。

幼有所育。学前教育是国民教育体系的重要组成部分，目前学前教育仍是整个教育体系的短板，而农村学前教育更是短板中的短板。《国务院关于学前教育事业改革和发展情况的报告》显示，全国还有4 000个左右的乡镇没有公办中心幼儿园，个别地方的学前三年毛入园率在50％以下。农村幼儿园存在设施不全、幼儿活动范围狭小、公共卫生差、安全设施不完善等问题；农村幼儿教师师资奇缺、工作生活条件艰苦、工资待遇水平偏低、安居问题无法有效解决等外部原因导致农村学前教育师资队伍呈现出年龄大、公办教师少、非专业化等现象，严重制约着高水平农村学前教育的发展，加强幼师队伍培养刻不容缓。

业有所就。就业是最大的民生。党的十九大报告通篇提出三个优先，第一个就是就业优先。要坚持就业优先战略和积极就业政策，实现更高质量和更充分就业。通过大力发展农村二三产业，广开就业门路，实现农民工就地就近就业；同时，加强对就业困难人员的就业援助，提供更加完善的公共就业服务，开展进城农民工免费职业培训，大力开展就业技能培训和岗位技能提升培训，打通农民工从初级工、中级工、高级工到技师、高级技师的职业发展通道；还要坚持创业带动就业，鼓励有能力的农民工返乡创业，带动地方经济发展。

劳有所得。保障农民工劳动报酬权益，关系到广大农民工切身利益，关系到社会公平正义和社会和谐稳定。保障农民工劳有所得要做好两方面工作：一方面要规范农民工工资管理，保障农民工与城镇职工地位平等、同工同酬，不得以执行最低工资标准为借口故意压低农民工工资，逐步改变农民工工资偏低、同工不同酬的状况；另一方面要从严查处克扣、拖欠农民工资的企业，从制度和机制上杜绝拖欠、克扣农民工工资的现象，确保按时足额发放农民工工资。应看到农民外出打工背后，有着无数“等米下锅”的家庭期待。

产有所链。小农户与农业现代化的有机衔接关键在于融入现代农业的产业链条，让小农户享受到生产所需的各类现代化服务。同时，通过“互联网＋农业”，发展农村电子商务，利用互联网推动农产品进入多元市场。小农户的生产搭上现代农业产业链，产品联上互联网，是一种全新的生产组织形式，是我国当前农业提高效益和农民快速增收的最佳途径。

弱有所扶。脱贫攻坚解决了原发性积累型绝对贫困，但次生性新增型相对贫困将永远存在。把社会中各类处于生活窘境的弱势群体纳入改善民生和帮扶救助的对象是一个长期的任务。应完善弱势群体帮扶机制，实施就业帮扶、教育帮扶、技能帮扶、健康帮扶、生活帮扶等一系列帮扶政策；建立健全经济援助、法律援助、医疗援助等全面的扶助救助体系，稳步提升扶助保障水平。

困有所帮。对于因洪涝、地震、泥石流、交通事故、火灾等不可预测的突发性临时性灾害，造成家庭断崖式生活困难，应建立完备的施救制度。全面完善自然灾害救助物资储备体系建设，探索遭遇天灾人祸时的紧急救济、贫困救助和应急援助等社会救助机制，需要开展紧急转移安置和基本生活救助的，给予及时救助。结合精准扶贫，着力社会救助体系建设，全面、高效实施临时救助制度，采取有力措施保障困难群众困有所帮。

乐有所享。农民口袋富了，就会不断追求精神生活的丰富多彩。继承和发扬传统文化，舞龙耍狮，剪纸、演戏等，这些表象技艺需要传承，但更要发掘深层的本质传承，如“道法自然、天人合一”的思维理念，天时地利人和的哲学思想，社会自我救助的各种民间制度等都是我们优秀的传统文化，都应从更深层次上发扬光大。习近平总书记说：“乡村文化是中华民族文明的主体，村庄是这种文明的载体。”可见乡村文化对于中华民族五千年文明的价值、作用、影响。应充分激发农民对于乡村传统文化的认知，使其在不断增进了解的基础上增强文化自信，自觉传承。建设乡村文化，农民既是消费者又是参与者更是创造者，送电影、送图书等注入式的文化建设需要，但农民更需要从被动接受变为主动融入，充分发挥其主观能动性和创造性，激发乡村文化建设的内生动力，是乡村文化建设的努力方向。

险有所保。有数据显示，农民工的五险一金的参保率不足20%。究其原因主要有三方面：一是农民工就业稳定性差，流动性强，而社保转移接续比较困难；二是企业为减少成本，想尽办法逃避缴纳农民工社保；三是农民工自身对社保不了解，参保意识不强。政府部门需要从政策层面用制度来保证农民工的社会保险权益，允许“保随人动”，严惩逃保企业，加大宣传力度，改变农民工社保没保障的弊病。除了农民工的社会保险，更应大力发展面向农民的商业保险，通过财产保险、产业保险、大病保险与人身保险等险种的覆盖，为广大农民的生产生活系上一根安全绳、保险带。

心有所安。黑恶势力影响农村长治久安、阻碍百姓安居乐业；电信诈骗损害群众切身利益，造成巨大经济损失；网络谣言影响民众价值判断，引发社会焦虑恐慌。乡村开展扫黑除恶，农民拍手称快，应一追到底，最大限度铲除黑恶势力滋生蔓延的土壤，巩固农村基层建设成果；严厉打击犯罪分子，提高农民电信诈骗防范意识与谣言甄别能力，维护广大群众的切身利益。同时，市场经济的快速发展动摇了传统乡土社会的熟人文化，引发“熟人社会”嬗变，破坏了基于血缘、地缘、亲缘关系的“人格化信任”，导致农民难以适应。应通过建立农村信用体系，健全守信激励、失信惩戒的“制度化信任”机制，增强农民信用意识，改善农村信用环境，不断提高人民群众获得感、安全感、幸福感。

准确把握乡村文化建设的理念

习近平总书记指出："乡村文化是中华民族文明史的主体，村庄是这种文明的载体。"这一重要论述深刻揭示了乡村文化的地位、价值、意义及影响。乡村文化建设是乡村振兴的灵魂工程，需要在理念、走向、方法、路径等方面准确把握，谨防走偏。

不能以工业文化代替农业文化

在传统落后的农业社会，由于生产力、科学技术等方面的制约，人在自然界面前显得力量薄弱，人对自然产生一种不可违抗的崇敬心理和神圣感，努力地寻求与自然的和谐，这是朴素的"天人合一"观。

工业革命带来了生产力的飞速发展，极大地彰显人的力量。工业文化以科技进步为核心，以效益最大化为目标，把"人是世界的主宰"作为其哲学理念，人可以改造世界，征服自然。人类正是依靠这一哲学，冲破了"天命论"的束缚，建立了高度发达的物质文明，这也是工业文化的价值所在。但是"人定胜天"的思想是一把双刃剑，这一思想的单向发展和走向极端，必然会加剧人与自然的冲突和对立，导致世界性的生态问题和可持续发展的障碍。我们在享受"人定胜天"思维带来的成果时，也在品尝着各种"苦果"，包括环境污染严重、资源消耗过度、生态平衡破坏等。

农业文化的价值体现需要遵循三个规律：一是遵从自然规律。农业

---

* 本文撰写于 2019 年。

文化崇尚与自然和谐相处，遵从自然规律，春种秋收，人类生活与自然融为一体；认可与自然的平等地位，既不对自然盲目迷信、顶礼膜拜，也不将其视为野蛮征服和改造的对象。人类可以认识规律、遵从规律，但是不能打破规律，要保护和善待自然，这是解决"人类困境"的希望所在，这与工业文化的"技术崇拜论"差异巨大。二是遵从市场规律。农业已经走出了自给自足的范畴，需要面向市场，以市场为导向，才能富裕农民，振兴乡村，找到自我发展之路。但是，农业文化面向市场是以保护生态环境为前提的，只有绿水青山才能最终实现金山银山。工业文化以追求利润为终极目标，会产生诸多"只顾目的、不择手段"的负面后果。三是遵从社会需求规律。农业虽然以市场为导向，但是，农业文化又不完全以获取利润为目的，农产品属于准公共产品，是人类的刚性需求和社会的必需品，即使无利可图，也不能荒废农业。

乡村文化建设应合理吸收工业文化中先进的科技手段，但在思想观念、思维方式上必须摒弃以效益为中心的工业文化单一思维。只有以农业文化的价值观为引领，才能使乡村文化长盛不衰，从而继续引领中华民族五千年文明史薪火相传，沿着正确的轨道向前发展，使这一人类历史上独一无二的文明形态永驻史册、永放光芒。这是乡村文化的历史担当，责无旁贷。

不能用城市文化改造乡村文化

城市文化与乡村文化有着很大的异质性，主要体现在两个方面：

一是交往规则的差异。城市是一个陌生人的社会，人际交往建立在理性算计的基础之上，时时、事事、处处依靠制度维持人与人之间的关系。彼此间的权利和义务，用白纸黑字写清楚，订上书面合同，是建立在法律条文基础上的他律，出现纠纷就会以打官司的方式解决，程序正规、成本高昂。城市文化中的个体呈现出原子化的特征，孤独感、异化感强烈。乡村社会是熟人社会，乡村文化诞生在以地缘和血缘为纽带、传统社会伦理为秩序的乡村社会，并在长期发展中逐步形成了以乡规民约、生活信仰、传统习俗、社会禁忌等非正式制度为基本内容的文化形态。即使在外出打工、面临深刻转型的当代农村，仍然是一个半熟人社会，村规民约依然发挥着重要作用，人和人之间的交往依然戴着脉脉温情的面纱，是在约定俗成、心理认同、共同遵守基础上的自律。乡村文化讲究诚信，不会轻易撕破脸皮，一个人如果不讲诚信，在熟人社会里，会面临极高的成本和代价，有可能会被熟人社会集体抛弃，丧失发展乃至生存的资格。如果用陌生人社会的城市文化来改造熟人社会的乡村文化，将会极大地增加社会治理成本，同时也与人的情感性需求相悖。人是感情动物，乡土社会“守望相助”的人情味，正成为城市人的追思与怀念。

二是文化特性的差异。城市文化是一种杂交文化，五湖四海、南来北往的人汇集在城市这个特定的区域，在互相交往磨合的过程中，原有各具特色的乡土痕迹不断隐退，从而生成一种适应新环境的市民文化。从某种程度上说，城市文化是一个没有个性的文化。乡村是由一个个祖祖辈辈聚族而居长期共同生活的村落组成，从文化上是代代相传、源远流长，与当地的自然环境、人文资源相结合，形成个性独特的村落文化。如果用千篇一律的城市文化去改造各具特色的乡村文化，就会失去乡村的特点，不符合乡村社会发展的规律。人类生活的丰富性来源于多样性、差异性和异质性，乡村振兴绝不是仅仅意味着宽广的马路、漂亮的高楼，而是要与当地乡村的地理区位、历史人文、风俗习惯、特定资源等相关联，与有着数千年农耕文明历史的乡村文化相衔接。只有植根于传统乡土社会，才能使乡村文化呈现出差异化、个性化的特征，显示出乡土特色。

不能以现代文化置换传统文化

在不少人的逻辑思维里，历史是向前发展的，现代的总是先进的，传统的总是落后的。这一思维方式和思想观念表现在空间格局上，就形成了城市代表了先进，农村意味着落后，“城市中心论”的观念已经成为普遍的社会心态。把乡村贴上“落后”的标签是从现代城市的主体视角出发，将乡村文化看成是“传统”和“不文明”的形态，因而是需要改造的。将不同于所谓城市现代文明的情形都归结为落后与迷信，以现代文化置换传统文化，这无疑是文化强权的思维模式，会让我们与传统隔绝，与前人脱离，丧失发展根基。

费孝通先生深刻地指出，从基层看去，中国的社会是乡土性的，中国的根基在乡村。中国有着悠久的农业文明，也曾经长期是世界上最富强、最文明的国家，中华优秀传统文化已经成为中华民族的基因，植根在中国人内心，潜移默化地影响着中国人的思想观念和行为方式。传统文化确有糟粕成分，但一颗果实坏掉了，不代表这棵树就没有了存在的意义。在一个有着悠久历史和美好传统的国家，乡村的转型与发展必须立足于传统之根的延续，必须培育出从传统中吸取营养的新的精神世界。如果仅仅是一刀切式地隔断“传统之脐”，带来的灾难与混乱将是长久与深重的。对传统文化的全盘否定，会陷入历史虚无主义的境地，我们需要“开发传统，服务现代”，要把传统中一切精华的、对今日有用的东西发掘出来，加以继承、弘扬，为中国社会顺利转型服务，为中国早日实现现代化服务。一个伟大的民族总是善于与时俱进地认识传统、评价传统、解释传统、重塑传统，从传统中寻找智慧和力量。中华民族正是依靠代代相传的优秀传统文化，不断推陈出新，成就了世界上唯一没有中断过的文明。否定传统，抛弃传统，以现代文化置换传统文化，看似新潮，实为斩断了文化的根脉，使文化的发展成了无源之水，无本之木，文化的枯萎，无疑是迟早的事情。

不能以注入式参与取代融入式参与

站在城市中心主义的优越立场上，会对农村采取一种单向度的输入和给予。送法下乡、送图书下乡、送电影下乡、送项目下乡，是我们非常熟悉的做法，这是一种主体与客体的分割式思维。对农村采取改造和社会救济的方式，以便能让农村更好地赶上城市的步伐，在这种模式下，农民是被动接受，是注入式参与。任何自认为先进与优秀的外在力量，都永远无法完全替代乡村社会的内部动力，也不可能代替农民的主体性作用。简单地把农民贴上落后和传统的标签，从外来者的立场和价值上对农民加以改造，农民的积极性就难以调动起来，就会出现“政府拼命干，村民一边看”的非正常现象。不尊重农民的意愿，没有农民的积极主动参与，即使是最完美的发展方案，也是外部强加的，是没有生命力的。

所谓农民主体性，就是农民自身在创造和建设活动过程中能够担当主角，主动地发挥自身的智慧和创造力，并能成为创造和建设成果的所有人和享有者。乡村建设运动的开创者梁漱溟很早就意识到农民主体性的重要性，把启发农民自觉性作为乡村建设的万事之首。在乡村文化建设中，由于方方面面条件的制约，外部文明的传导需要采取一定的方式注入，但更需要尊重农民的主体性，调动和发挥好农民的主动性与创造性，走内源式的发展道路。应充分认识到农民既是乡村文化的消费者，又是乡村文化的参与者、建设者，更是乡村文化的创造者、拥有者。农民投身其中，乡村文化就有了源头活水；只有让农民融入式参与，农民的创造性才能得以充分发挥，乡村文化的活力才能得以激发，文化的生命力才能得以旺盛。

图书在版编目（CIP）数据

乡村振兴：推进中国发展的第五台“发动机”/刘奇著.—北京：中国农业出版社，2020.7（2020.11重印）
ISBN 978-7-109-27178-4

Ⅰ.①乡… Ⅱ.①刘… Ⅲ.①三农问题—研究—中国 Ⅳ.①F32

中国版本图书馆CIP数据核字（2020）第147590号

中国农业出版社出版
地址：北京市朝阳区麦子店街18号楼
邮编：100125
责任编辑：闫保荣
版式设计：王　晨　　责任校对：吴丽婷
印刷：北京中兴印刷有限公司
版次：2020年7月第1版
印次：2020年11月北京第2次印刷
发行：新华书店北京发行所
开本：700mm×1000mm　1/16
印张：14
字数：216千字
定价：58.00元